KB043694

빚 권하는 사회에서

부자되는 법

경제 멘토 KBS 박종훈 기자의 생존 재테크

빛 권하는 사회에서

부자되는 법

박종훈 지음

21세기북스

내 월급 지키는
돈 관리의 정석

미끼를 던지는 권력자, 걸려드는 소시민

거울같이 맑은 강물에 송어가 뛰노네.

화살보다 더 빨리 헤엄치며 경쾌하게 뛰노네.

한 낚시꾼이 물가에 서서

물고기가 헤엄치는 모습을 가만히 지켜보더니

낚싯대로 송어를 낚으려 하였네.

나는 생각했다네.

이리 물이 맑아선 송어가 잡히랴.

맑은 물이 흐려지지 않는다면
낚시꾼은 결코 송어를 낚지 못하리.

그러나 낚시꾼은 이내 꾀를 내어
흙탕물을 일으켰노라.
아, 그 송어 떼가 모여들었고
이윽고 낚싯대에 걸려 팔딱거렸네.

마음 아프게도 나는 그 광경을 바라보았네.
분통을 터뜨리며 걸려든 물고기를 바라보았네.

이 시는 우리가 익히 알고 있는 프란츠 슈베르트(Franz P. Schubert)
의 가곡 〈송어(Die Forelle)〉의 가사 중 일부다. 오스트리아의 아
름다운 강 풍경 속에서 경쾌하게 헤엄치며 뛰노는 송어가 연상
될 만큼 밝고 경쾌한 느낌의 곡이지만, 사실 이 곡의 가사에는 놀
라운 비밀이 숨겨져 있다.

　〈송어〉를 작사한 크리스티안 슈바르트(Christian Schubart)는 시
인이자 언론인이었다. 그런데 그는 당시 정치 상황을 풍자하는
시를 썼다가, 영주에게 노여움을 사서 무려 10년 동안 옥살이를
해야 했다. 그는 감옥에서도 시 쓰기를 멈추지 않았다. 영주의 감
시와 통제가 무척 심했지만 유쾌하고 발랄한 곡으로 위장하여

당시의 시대 상황을 신랄하게 고발하기 시작했다. 가곡 〈송어〉는 이렇게 감옥에서 목숨을 걸고 쓴 시와 작곡가 슈베르트의 아름다운 선율이 만나 세상에 알려졌다.[1]

가곡에서 '송어'는 힘없는 평범한 소시민을, '낚시꾼'은 권력과 정보를 독점한 권력자를 뜻한다. 평범한 소시민이라도 맑고 투명한 물에서는 권력자가 내미는 위험한 미끼를 볼 수 있기 때문에 쉽게 낚이지 않는다. 그러나 권력자가 일부러 시냇물을 혼탁하게 만들면, 즉 정보를 왜곡해 소시민의 판단력을 흐려놓으면 그들이 던진 치명적인 미끼에 낚이고 마는 것이다.

가곡 속의 '나'는 이런 딱한 처지에 놓인 소시민들을 감옥 안에서 지켜봐야만 하는 크리스티안 슈바르트 자신을 뜻한다. 그는 권력자들의 달콤한 유혹에 속아 소중한 재산은 물론 자유까지 빼앗긴 채 고통받는 소시민들을 안타까운 시선으로 바라보고 있는 것이다.

빚은 화폐보다 먼저 탄생했다

물을 혼탁하게 만들어 소시민들을 낚는 전략은 지금도 계속되고 있다. 현재 우리의 가계를 위협하는 가장 치명적인 유혹은 바로 '빚'이다. 데이비드 그레이버(David Graeber) 예일대 교수는 빚이 화폐보다 먼저 탄생했다는 놀라운 연구결과를 내놓았다.[2] 그는 인류 초기의 화폐는 갚아야 할 금액을 적어놓은 일종의 차용증으로, 애초에 빚이 있었기에 화폐가 탄생할 수 있었다고 말한다.

이자를 받고 돈을 빌려준 공식 기록은 5,000여 년 전 고대 메소포타미아 시대로 거슬러 올라간다. 그 옛날에도 흉년이 오면, 지주들은 소작농에게 곡식을 빌려주고 연 20% 안팎의 이자를 물렸다. 하지만 농경시대에 연 20%의 이자를 갚는다는 것은 거의 불가능에 가까웠기 때문에, 일단 지주에게 돈을 빌리기 시작한 소작농은 얼마 지나지 않아 대부분 '채무 노예'로 전락할 수밖에 없었다.

이처럼 오랜 역사를 자랑하는 빚은 시대를 거듭하면서 놀라운 생명력을 가지고 진화해왔다. 현대로 넘어오면서 파생상품이라는 날개를 단 빚은 금융공학자들조차 정확한 정체를 파악할 수 없을 만큼 매우 복잡하고 정교한 모습으로 발전했다. 특히 2008년 글로벌 금융 위기를 불러온 '서브프라임 모기지 사태'는 빚이 얼마나 파괴적인 힘을 갖게 되었는지 보여주는 대표적인 사례다.

5천 년간 진화해온 빚의 실체

빚은 지금 이 시간에도 이름과 형태를 바꾸며 생활 곳곳에서 우리를 유혹하고 있다. 소비 생활을 유지하기 위해서, 혹은 돈을 더 벌기 위해서 빚을 지는 것을 당연히 여기게 만들었을 뿐 아니라 자동으로 빚을 지게 만드는 '메커니즘(Mechanism)'까지 발전시켜왔다. 빚을 많이 질수록 신용등급이 높아지는 금융시스템 속에서 빚은 자본주의 시대를 상징하는 일종의 훈장이나 계급장이 되어버렸다.

이 때문에 일단 빚의 굴레에 갇히면 아무리 열심히 노력해도 평생 빚더미에서 벗어나지 못하고 허덕이는 경우가 적지 않다. 그러니 만일 당신이 감당할 수 없는 빚 때문에 고통받고 있다 하더라도 결코 부끄러워하거나 자책할 필요는 없다.

왜냐하면 빚은 무려 5,000여 년 동안 당신을 현혹하기 위해 끊임없이 진화해왔지만, 당신은 그 위험한 빚을 통제하는 방법은 커녕 그 실체조차 제대로 배운 적이 없기 때문이다. 이제껏 당신이 빚에 휘둘려온 것은 어쩌면 당연한 일인지도 모른다.

하지만 빚을 통제할 수 있느냐 없느냐가 이제 우리의 삶을 좌우할 매우 중요한 문제가 되었기 때문에, 더 이상 두 손 놓고 있어서는 안 된다. 지금이라도 빚과 당당히 맞서 싸울 수 있는 힘을 키우려면, 왜곡된 정보의 물속에서 빚이라는 미끼를 알아채고, 이를 다스릴 수 있는 자신만의 자동 메커니즘을 구축해야 한다.

빚테크, 빚을 통제하고 내 돈 지키는 기술

빚의 실체를 정확히 파악하고 통제할 수 있는 기술이 바로 '빚테크'다. 빚테크는 우리의 생활 속에 파고들어 유혹하고 있는 빚의 정체를 정확하게 파악하는 데서 시작된다. 그리고 빚이 우리의 삶을 위협하는 요소가 되지 않도록 자신이 감당할 수 있는 수준으로 빚을 적절히 통제해나가는 것이 빚테크의 핵심이다. 또한 빚이 지나치게 불어나 파산 위기에 내몰렸을 때, 이를 극복하고 다시 재기의 발판을 마련해나가는 과정도 빚테크라고 할 수 있다.

이 책은 자신만의 빚테크를 찾아가는 여정을 여섯 개의 부로 나누어 설명하고자 한다. 우선 1부에서는 우리가 왜 이렇게 쉽게 빚의 유혹에 빠질 수밖에 없는지, 그리고 왜 빚에 대한 통제권을 쉽게 금융회사에 넘겨주게 되는지를 다루게 될 것이다. 2부에서는 기존의 빚을 감당할 수 있는 수준으로 조정해나가는 과정을 소개하고 각종 부채 위기를 헤쳐나갈 방법을 단계별로 제시할 것이다.

3부에서는 빚을 질 수밖에 없는 상황에 처한 이들을 위해 조금이라도 더 나은 조건으로 대출을 받는 방법을 소개하고, 시시각각으로 바뀌는 대출 정책과 금융 환경 속에서 정보를 수집하는 방법을 이야기할 것이다. 또 금융회사와의 협상에서 자신에게 더 유리한 상황을 이끌어내는 전략을 제시하고자 한다.

4부에서는 빚지지 않는 자동 메커니즘을 만들고 이를 생활 속에 정착시켜나가는 방법을 이야기해보고자 한다. 5부에서는 한 치 앞도 예측할 수 없는 경제 상황 속에서 빚테크로 조성한 종잣돈을 어떻게 굴려야 하는지에 대해 논의할 것이다. 그리고 마지막 6부에서는 경제 대전환기 속에서 자신의 자산을 지키는 방법을 소개하고자 한다.

이제는 빚테크가 필요한 시간

가계 부채가 1200조 원을 넘어 1인당 평균 2400만 원의 빚을 지고 있는 현 상황에서, 빚을 관리하는 것은 우리의 인생을 좌우할 만큼 중요한 생존 기술이 되었다.

또한, 저성장과 고령화로 인한 경제 패러다임의 거대한 변화, 그리고 장기 불황의 우울한 전망을 마주하고 있는 우리에게 꼭 필요한 최우선 대비책이자 최선의 재테크이기도 하다.

그동안 『2015년, 빚더미가 몰려온다(2012)』를 필두로 『지상 최대의 경제 사기극, 세대전쟁(2013)』, 『박종훈의 대담한 경제 (2015)』를 통해 끊임없이 우리 경제의 근본적인 개혁의 필요성을 부르짖었으나, 미래를 위한 경제 정책의 변화를 이끌어내지는 못했다.

그렇다면 곧 닥칠 새로운 경제 환경에서 살아남기 위해 우리 스스로라도 철저하게 대비책을 세워야 할 것이다. 이 책이 다가올 경제 위기의 험난한 파고 속에서 당신의 현재와 미래를 지킬 수 있는 소중한 가이드북이 되기를 바란다.

차례

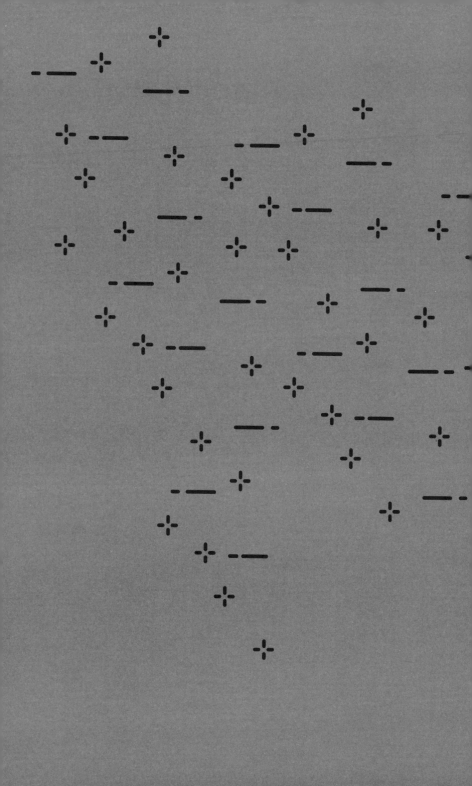

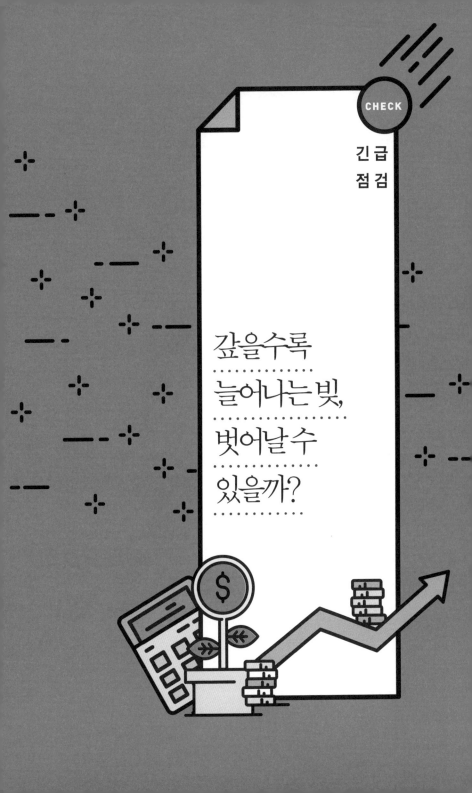

CHECK

긴급
점검

갚을수록
늘어나는 빚,
벗어날 수
있을까?

당신에게 빚이 있는 것은
당연하다

마이클 잭슨도 헤어나지 못한 빚의 굴레

2009년에 세상을 떠난 팝의 황제 마이클 잭슨은 앨범 판매나 투어 등으로 생전에 최소 7억 5000만 달러(약 8470억 원)의 수입을 올렸다. 이렇게 엄청난 돈을 번 세계적인 스타이니 당연히 빚과는 거리가 먼 삶을 살았을 것이라고 짐작하기 쉽다. 하지만 그가 숨졌을 때 그에게는 무려 4억 달러(약 4500억 원)가 넘는 천문학적인 빚이 있었다.[1]

　그는 해마다 자신이 번 돈보다 200억~300억 원을 더 많이 쓸 정도로 낭비벽이 심했다. 더구나 부동산이나 골동품을 마구잡이로 사들이는 바람에 빚이 눈덩이처럼 불어나면서 파산 직전까지 내몰렸다. 그가 2009년에 런던 컴백 콘서트를 계획한 것도 이러한 재정 위기에서 벗어나기 위한 필사적인 노력 중 하나였다.

결국 마이클 잭슨은 숨진 뒤에야 빚에서 완전히 해방됐다. 그가 사망한 이후 2009년부터 7년 동안 각종 음원 수입 등으로 10억 달러(1조 1300억 원) 이상을 벌어들였기 때문이다. 생전에 돈을 물 쓰듯 했던 마이클 잭슨이 이미 세상을 떠나고 난 뒤였기 때문에, 유족들은 그가 남긴 빚을 모두 갚고도 풍족한 삶을 누릴 수 있었다.

큰돈을 벌기 위해 빚내던 시대는 지났다

우리는 흔히 소득이 충분하지 않아 빚을 지게 된다고 생각한다. 그래서 많이 벌기만 하면 빚에서 벗어날 수 있을 것이라고 쉽게 착각한다. 하지만 천문학적인 돈을 번 유명 연예인이나 정치인조차 평생 빚에 시달린 경우가 적지 않다. 소득이 많을수록 빚의 유혹도 그만큼 더 강렬해지기 때문이다. 풍요로운 삶을 살 것이라 생각하는 고소득 전문직이나 자영업자들도 알고 보면 엄청난 빚에 허덕이곤 한다.

이 같은 현상은 통계에서도 드러난다. 2015년 가계금융·복지조사[2]에서 우리나라 전체 가구의 57.5%가 금융 부채를 지고 있는 것으로 나타났다. 그런데 소득이 높을수록 빚을 진 가구의 비율이 기하급수적으로 늘어난다. 소득이 하위 20%인 가구는 불과 25.8%가 빚을 지고 있지만, 소득 상위 20% 가구는 무려 71.3%가 빚을 진 것으로 나타났다. 결국 소득이 높다고 빚에서 해방되는 것이 아니라는 이야기다.

왜 우리는 밤낮없이 열심히 일하는데도 빚더미에서 헤어나지 못하는 것일까? 그 이유 중 하나는, 많은 사람이 빚을 져서라도 투자를 해야 더 빨리 더 큰돈을 벌 수 있다는 조급증에 사로잡혀 있기 때문이다.

그동안 우리나라는 자산 가격이 지속적으로 상승해왔기 때문에 당장 돈이 없어도 빚을 내 투자를 시작하는 것이 이득이었다. 그런데 문제는 자산 가격의 대세 상승기가 끝나가는 지금도, 옛 영광의 그림자를 좇아 끊임없이 빚을 내면서 투자에 나서고 있다는 점이다.

소비의 유혹만큼 커져가는 대출 이자

우리가 빚에서 헤어나지 못하는 또 다른 이유는 주체할 수 없을 정도로 강한 소비의 유혹 때문이다. 1조 원이 넘는 돈을 번 마이클 잭슨이 자신의 소득을 훨씬 넘는 지출을 할 정도로 소비의 유혹은 강렬하고 매혹적이다. 날마다 새로운 물건이 쏟아져나오고

18

우리를 유혹하는 마케팅 기법도 끊임없이 발전하고 있기 때문에 지출을 적절히 조절하지 못하면 소득이 아무리 많아도 쉽게 빚의 유혹에 굴복할 수밖에 없다.

또 최근 들어 기업만 돈을 벌 뿐 가계가 가져가는 몫이 지속적으로 줄어든 것도 우리가 빚에서 헤어나지 못하는 주요 원인이다. 경제협력개발기구(OECD)의 자료를 보면 1995년부터 20년 동안 국내총생산(GDP) 대비 가계소득 비중이 5.3%p나 떨어져 64.3%로 추락한 것으로 나타났다.

이 같은 감소폭은 OECD 회원국 중에 관련 자료가 있는 30개 회원국 중 두 번째로 높은 수치다. 우리나라와 대조적으로, 같은 기간 동안 미국이나 일본은 가계소득 비중이 도리어 3%p 이상 올랐다.

이처럼 상대적으로 빈곤해진 가계가 경제 성장 속도에 맞추어 소비를 유지할 수 있는 유일한 방법은 바로 대출을 받는 것이었다. 더구나 가계소득이 정체되면서 내수시장이 위축되자 정부는 경기를 살리겠다며 온갖 부양책을 내놓았다. 그런데 그 부양책의 핵심은 결국 가계대출 규제를 완화하고 세제 혜택을 제공해 가계가 빚을 내서라도 소비를 유지하도록 유도하는 데 있었다. 그 결과 우리는 역사상 유례없이 거대한 빚더미에 깔리고 말았다.

결국 빚에 쪼들리게 된 가계는 생활을 유지하기 위해 어쩔 수 없이 너도나도 맞벌이를 하고 시간을 쪼개 투잡(two jobs)에 나서고 있다. 하지만 더 열심히 일할수록 더욱 강렬한 빚의 유혹에 넘어가 더 큰 빚을 지는 악순환이 계속되고 있다. 그리고 최선을 다해 노력한 결과가 대출 이자로 빠져나가면서 점점 더 깊은 빚의 수렁에 빠지고 있다.

빚이 아닌 척
유혹하는 '숨은 빛'

고리대금은 불법, 수수료는 합법?

지오반니(Giovanni)는 1360년 이탈리아 반도 피렌체(Firenze)의 가난한 유대인 집안에서 태어났다. 그의 집안은 동네 불량배 수준의 저질 폭력을 일삼으며 불법 사채업을 하고 있었다. 그가 태어났을 당시에는 일가친척 중에 무려 다섯 명이 각종 범죄에 연루되어 사형을 당했을 정도로 악명이 높았다.[3]

중세 교회는 돈을 빌려주고 이자를 받는 것이 심각한 죄악이라고 생각했기 때문에 지오반니 가문의 사채업을 엄격히 금지했다. 심지어 단테의 『신곡』에서는 제7지옥에 고리대금업자들의 자리가 따로 마련되어 있을 뿐 아니라 목에 무거운 지갑을 걸고 영원히 고문을 받고 있다고 묘사할 정도였다.

하지만 지오반니는 가업인 소규모 불법 사채업에 만족하지 않고 이를 합법화하기 위해 머리를 짜냈다. 그는 어음을 다른 통화로 환전해주면서 만기 때까지 남은 기간만큼 수수료를 받는 방식으로 사실상 어음 할인을 해주는 획기적인 방법을 고안해냈다. 돈을 빌려주고 이자를 받는 것은 불법이었지만 환전수수료는 합법이라는 점을 절묘하게 이용한 것이다.

이처럼 '빚인데도 빚이 아닌 척' 위장하는 수법은 대대적인 성공을 거두었다. 이자가 불법이어서 어음 할인조차 할 수 없었던 이탈리아 상인들은 지오반니의 환전소에서 드디어 합법적으로 어음 할인을 받을 수 있게 됐다. 지오반니는 자신의 사업을 점점 이탈리아 전역으로 확장해 불법 사채업을 근대적인 '은행'으로 발전시켰다.

바로 이것이 메디치(Medici) 가문을 일으킨 지오반니 디 비치 데 메디치(Giovanni di Bicci de' Medici)의 놀라운 성공 신화다. 그는 이처럼 번뜩이는 아이디어와 놀라운 추진력으로 뒷골목 불량배 수준이었던 메디치 가문을 유럽의 금권은 물론 정치와 문화를 지배하는 최강의 가문으로 탈바꿈시켰다.

고대 메소포타미아에서 로마 시대에 이르기까지 끊임없이 발전하며 진화해왔던 '빚'은 중세에 들어서면서 큰 위기를 맞았다.

바로 중세 교회가 빚을 죄악으로 간주하고 억압하기 시작한 것이다. 이 때문에 중세 시대에 빚은 양지가 아닌 음지를 지향하면서 주류 사회에서 밀려나 있었다.

그렇게 역사의 뒤안길로 물러났던 '빚'은 메디치 가문에 의해 다시 화려한 부활에 성공했다. '빚인데도 빚이 아닌 척' 하며 우리를 유혹하는 놀라운 위장술과 함께 돌아온 것이다. 한층 교묘해진 '빚의 위장술'에는 우리가 빚의 위험성을 쉽게 알아채지 못하고 과소평가하게 만드는 힘이 있었다.

숨은 빚의 정체를 간파하라!

빚인데도 빚인 것을 깨닫지 못해 낭패를 본 대표적인 사례가 바로 일본의 버블이 붕괴되던 당시, 연쇄 부도 사태를 겪은 일본의 골프장이다. 당시 일본은 무려 700개가 넘는 골프장이 파산하면서 버블 붕괴의 직격탄을 맞았다. 이처럼 일본 골프장이 잇따라 무너진 직접적인 원인은 바로 일본 골프장 특유의 회원제에서 찾을 수 있다.

일본 골프장들은 회원권을 구입한 지 5년이 지나면 초기에 납부했던 회비의 반환을 요구할 수 있도록 규정해놓고 있었다. 하지만 일본의 버블 시대에는 골프장 회원권을 분양하기만 하면 거래 가격이 끝없이 치솟았기 때문에 회비를 돌려달라고 요구하는 회원이 나타날 것이라고는 꿈에도 생각하지 못했다.

이 때문에 일본 골프장들은 일단 회비가 들어오면 이를 수익으로 생각하고 자기 돈인 양 마구 쓰기 시작했다. 회비로 새로운 골프장을 짓는 장기 투자를 하거나 쉽게 원금을 회수하기 어려운 대규모 건설 사업에 나서는 등 끝없이 사업을 확장하는 데 이 돈을 투자한 것이다. 하지만 그들의 믿음과 달리 골프장 회비는 회원이 반환을 청구하면 반드시 갚아야 하는 일종의 '빚'이었다.

1990년대에 버블 경제가 무너지면서 골프장 회원권 거래 가격이 폭락하자 회원들은 너도나도 회비를 반환해달라고 골프장에 요구하기 시작했다. 그제야 골프장은 회비가 빚이라는 사실을 뼈저리게 깨우쳤지만, 이미 다른 곳에 장기 투자를 해놓은 상태였기 때문에 돌려줄 현금이 남아 있지 않았다. 그 결과 수많은 일본 골프장이 자산을 갖고도 당장 돌려줄 현금이 없어 연쇄 부도 사태를 맞았다.

이처럼 우리가 숨은 빚을 제대로 파악하지 못한다면 빚을 통제하기가 더욱 어려워지고, 예기치 못한 사태가 발생했을 때 대응 능력이 현저히 떨어질 수밖에 없다. 지금처럼 다양한 형태로 진화한 빚이 자신의 정체를 숨기고 우리의 생활 속에 깊이 파고든 상황에서, 빚테크의 가장 중요한 출발점은 바로 빚이 아닌 척 다가오는 '숨은 빚'의 정체를 정확하게 간파하는 것이다.

빚에 지배당할 것인가!
지배할 것인가!

먹이를 주던 손이 목을 조르는 손이 되다

한 마리의 칠면조가 농장에서 살고 있었다. 매일 아침마다 주인이 주는 먹이를 먹고 살아왔기 때문에 주인은 먹이를 주는 존재라고 굳게 믿고 있었다. 그런데 1,000일이 지난 어느 날 아침, 주인의 손을 본 칠면조는 '오늘도 먹이를 주는구나'라고 생각했지만 주인은 느닷없이 목을 조르기 시작했다. 이날은 바로 미국인들이 칠면조를 먹는 추수감사절이었다.

칠면조는 1,000일 동안 주인의 손은 먹이를 주는 손이라고 믿어왔다. 하지만 추수감사절이 되는 날 철저히 배신을 당했고, 그

믿음은 칠면조의 목숨을 구하는 데 아무런 도움이 되지 않았다. 목숨을 잃는 순간에야 자신의 잘못된 믿음이 얼마나 위험한 것이었는지를 깨달았지만, 때는 너무 늦고 말았다.

이 우화를 처음 소개한 사람은 바로 영국의 저명한 철학자이자 수학자인 버트런드 러셀(Bertrand Russell)이다.[4] 러셀은 자신의 책에서 이 우화의 주인공을 닭으로 설정했지만, 훗날 미국인들이 좋아하는 칠면조로 바뀌는 바람에 지금은 '러셀의 칠면조(Russell's turkey)'라고 불리고 있다. 이 이야기는 자신의 얕은 경험을 통해 세상을 낙관적으로 보는 귀납적 오류가 얼마나 치명적인 결과를 가져오는지를 잘 보여준다.

부동산 투기와 함께 늘어난 부채 비율

2000년대 들어 엄청난 인구를 자랑하는 베이비붐 세대(Baby-boom Generation)가 경쟁적으로 부동산을 사들이자 부동산 가격이 가파르게 오르기 시작했다. 당시 재테크 방법의 핵심은 낮아진 은행 문턱을 활용해 돈을 빌려 부동산을 사는 것이었다. 집값이 치솟는 시기에는 많은 빚을 낼수록 레버리지 효과가 커져 더 큰 이득을 볼 수 있었기 때문이었다.

이처럼 더 많은 빚을 낼수록 더 빨리 부자가 될 수 있다는 인식이 확산되면서 빚은 부자가 되는 지름길처럼 여겨졌다. 즉, 빚을 예찬하는 목소리가 높아지면서 대출을 받는 것이 미덕으로 변한 것이다. 심지어 빚을 내서 당장 투자에 나서지 않으면 손해라는 강박증까지 생겨났다.

더구나 자산 가격 상승으로 돈을 번 가계도 이에 만족하기는 커녕 이를 기반으로 더 많은 빚을 내서 더 비싼 자산을 사들였다. 그러면서 자산이 늘어난 만큼 빚도 함께 불어났고, 부동산 상승의 혜택을 봤다 해도 빚에 대한 통제력을 잃은 채 빚의 노예가 되는 경우가 적지 않았다.

이처럼 집값 폭등을 경험하면서 빚은 언제나 더 빨리, 더 많은 부를 이룰 수 있는 강력한 수단으로 인식되어왔다. 특히 자산 가격의 끝없는 상승을 목격해온 고령층은 빚에 대한 애착이 더 클 수밖에 없었다. 그 결과 60대 이상 가구의 한 해 소득 대비 가계 부채 비율은 무려 161%를 기록해 전 연령층 평균인 128%보다 훨씬 높다.

이는 나이가 들수록 부채 비율이 줄어드는 다른 선진국들과 정반대다. 선진국 중에서는 고령층 부채 비율이 꽤 높은 편에 속하는 미국조차 60대 이상 가구의 소득 대비 부채 비율은 94.9%에 불과하다. 복지국가로 유명한 독일은 37.5%, 프랑스는 16.8%였다. 심지어 금융 위기 상황에 처한 그리스조차 22.6%에 불과해 우리나라의 7분의 1도 되지 않았다.[5]

이렇게 많은 빚을 진 이유는 부동산에 대한 과도한 투자 때문이다. 60대 이상 고령층의 경우 전체 순자산에서 부동산이 차지하는 비중이 90%에 이른다. 더구나 전셋값이 폭등하고 월세 전환이 가속화되자 억지로 떠밀린 20~30대 젊은 세대까지 빚을 내어 집을 사는 경우가 급증하면서 전 국민이 빚에 의존해 살아가는 처지가 되고 말았다.

빚이 파놓은 함정, 블랙 스완에 대비하라

이처럼 빚에 의존하는 삶은 지금처럼 경제 상황이 급변할 때 치명적인 결과를 낳을 수 있으므로 주의해야 한다. 투자전문가이자 뉴욕대 교수인 나심 탈레브(Nassim Nicholas Taleb)는 과거의 경험으로 예측할 수 없는 극단적이고 예외적인 상황, 즉 '블랙 스완(Black Swan)'에 대비하라고 경고하고 있다.[6]

17세기까지 '블랙 스완'은 원래 불가능하거나 불길한 것을 가리키는 말이었다. 당시 유럽대륙에서 발견된 모든 백조가 흰색이었으므로 검은색 백조가 존재하리라고는 꿈에도 생각하지 못했기 때문이다. 하지만 1697년 오스트레일리아 대륙에서 검은 백조가 발견됐다. 이후 '블랙 스완'은 불가능하다고 생각했던 상황이 실제 발생하는 것을 뜻하는 말로 바뀌었다.

그러다 2007년 나심 탈레브가 월가의 허상을 파헤친 『블랙 스완』이라는 책을 출간하면서 이 단어가 경제 영역에서 널리 쓰이게 됐다. 블랙 스완은 너무나 극단적이고 예외적이어서 발생 가능성조차 예측할 수 없지만, 일단 시작되면 개인의 부는 물론 경제 구조까지 송두리째 바꿀 만큼 엄청난 충격과 파장을 가져오는 현상을 일컫는 말이다. 1987년 블랙먼데이나 1997년 동아시아 경제 위기, 2008년 글로벌 금융 위기 등이 그 대표적인 사례라고 할 수 있다.

이 같은 극단적인 위기 상황은 좀처럼 예측하기 어렵고, 심지어 가능성조차 가늠할 수 없다. 하지만 빚을 적절히 통제하고 길들이는 빚테크와 분산 투자를 통한 포트폴리오로 무장한다면 충분히 대비가 가능하다. 만일 아무런 대비가 되어 있지 않을 때 이런 위기를 맞이하게 된다면 그 손실은 무한대로 불어날 수 있다.

현재 우리나라뿐만 아니라 전 세계 경제에서 가장 심각한 위험 신호는 바로 '빚'이다. 2008년 글로벌 금융 위기 이후 세계 각국이 경기를 회복시키겠다며 돈을 한없이 푸는 바람에 인류 역사상 가장 거대한 빚더미를 만들고 말았다. 이제 더 이상 경제를 살릴 정책 수단이 다 소진된 상황에서도 좀처럼 경제가 살아나지 않고 있다.

이 때문에 지금은 찰나의 경기 회복을 즐기기보다, 오랫동안 믿어왔던 빚에게 배신당하지 않도록 철저히 대비해야 한다. 이를 위해서는 무엇보다 빚의 정체를 정확히 파악하고, 빚이 우리를 유혹하기 위해 파놓은 함정을 피할 수 있는 힘을 키워야 한다.

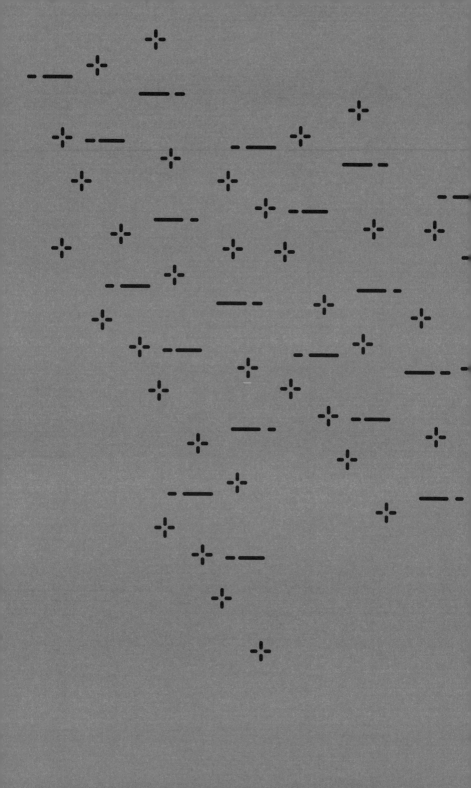

PART

01

무엇이
우리를
빚지게 하는가

그놈의
내 집 마련

사람에게는 얼마나 많은 땅이 필요한가

러시아의 가난한 소작농이었던 파홈은 언젠가는 자신만의 작은 땅을 경작하겠다는 소박한 소망을 가지고 열심히 살고 있었다. 그런데 어느 날 악마가 찾아와 그의 소원대로 작은 땅을 얻을 수 있게 도와준다. 그러나 파홈은 소원을 이루었는데도 만족하지 않고 더 큰 땅을 갈망하기 시작한다.

그러다 하루는 바시키르라는 마을에 가면 누구나 원하는 만큼의 땅을 얻을 수 있다는 말을 듣고 멀고먼 마을까지 찾아갔다. 소문대로 바시키르에서는 1,000루블만 내면 해 뜰 때부터 해 질 때까지 걸어갔다가 돌아온 만큼의 땅을 모두 가질 수 있었다. 단 해가 질 때까지 출발선으로 돌아오지 못하면 단 한 뼘의 땅도 가질 수 없다는 조건이 있었지만, 파흠은 기쁨에 들떠 1,000루블을 내고 흔쾌히 계약을 했다.

이른 아침부터 신나게 출발한 파흠의 눈앞에는 믿을 수 없을 정도로 비옥한 땅이 끝없이 펼쳐져 있었다. 그는 조그만 땅만 있어도 된다던 예전의 소박한 꿈을 완전히 잊어버리고 탐욕에 사로잡혀 끝없이 전진하기 시작했다. 그런데 정신없이 걷다 보니 그만 해가 기울어가고 있는 것이 아닌가?

그제야 놀란 파흠은 지는 해를 바라보며 출발선을 향해 전력으로 달리기 시작했다. 해가 지는 바로 그 순간, 파흠은 출발선으로 달려들어왔다. 하지만 너무 무리하게 달린 탓에 애타게 기다리던 가족들과 마을 사람들이 보는 앞에서 그대로 피를 토하고 죽어버렸다. 그를 유혹했던 악마는 그의 죽음을 보며 히죽거리며 웃고 있었다.

이 이야기는 러시아의 대문호 톨스토이(Lev Nikolayevich Tolstoy)의 작품인 『사람에게는 얼마나 많은 땅이 필요한가』의 내용이다. [1] 주인공 파흠은 자신의 꿈대로 행복한 삶을 살 수 있는 기회가 여러 번 있었다. 하지만 이에 만족하지 못하고 더 큰 욕심을 부린 바람에 결국 그가 손에 넣은 것은 그의 시신이 누울 아주 작은 땅에 불과했다.

집 살 때 빌린 돈은 투자가 아니라 비용

지금까지는 집값이 지속적으로 올랐기 때문에 아무리 많은 빚을 지고 집을 샀더라도 큰 문제가 없었다. 집값이 곧바로 올라 빚은 상대적으로 작아졌고, 이는 더 크고 좋은 집으로 옮길 수 있는 발판이 됐다. 그래서 자신의 자산이나 소득을 훨씬 넘어서는 값비싼 집을 사더라도 아무도 이를 '과소비'라고 생각하지 않았다.

그동안 집은 거주할 공간을 제공하는 동시에 유용한 재테크 수단이었다. 즉, 집을 소비하면서 동시에 투자도 할 수 있는 일거양득의 효과를 누릴 수 있었다. 하지만 이는 고성장 속에서 인구가 급증할 때나 가능했던 일이다. 이제 임대 수익을 올리는 부동산이 아닌 자신이 직접 거주하는 집을 사는 것은 투자가 아닌 비용으로 보아야 한다.

하지만 안타깝게도 많은 사람이 여전히 과거의 기준으로 집을 사고 있다. 2016년 3월, KBS가 서울 마포구에 새로 분양한 아파트 단지 하나를 전수 조사한 결과, 전체 가구의 절반 이상이 주택담보대출을 받았고, 전용면적 84㎡(34평형)의 경우 평균 3억 8500만 원의 대출을 받은 것으로 나타났다. 서울 동탄에 있는 또 다른 신규 분양 아파트 단지에서도 절반 이상이 주택담보대출을 받았고, 이 가운데 101㎡(40평형)짜리 아파트를 산 사람들은 평균 2억 8000만 원의 빚을 진 것으로 나타났다.[2]

이처럼 수도권에서 집을 살 때 3억~4억 원의 빚을 지는 사람들이 너무나 많다. 하지만 평범한 중산층이 이 정도 빚을 지고, 원리금을 갚아나가기란 쉬운 일이 아니다.

예를 들어 3억 원을 빌려 연 4%의 금리로 30년 균등상환을 한다면 한 달 평균 143만 원을 갚아야 한다. 30년 동안 갚아야 할 이자만 무려 약 2억 1500만 원에 이른다. 웬만한 월급쟁이들이 만져보기도 힘든 목돈을 온전히 이자로 내야 하는 것이다.

2014년 가계금융·복지조사 기준으로 우리나라 전체 가구의 월평균 가처분 소득이 390만 원인 점을 고려해볼 때, 한 달에 원리금 143만 원을 상환하려면 허리띠를 바짝 졸라매야 한다는 뜻이다.

더구나 20년 상환인 경우에는 월평균 상환액이 180만 원으로 훌쩍 뛰어오른다. 이렇게 평생 빚을 갚다 보면 노후 준비를 한다는 것은 불가능에 가깝다. 결국 은퇴와 함께 남은 것이라고는 집 한 채밖에 없는 안타까운 상황에 처하게 된다.

신용카드,
잘만 쓰면 이득?

우리는 어쩌다 외상으로 물건을 사게 됐을까?

1949년 미국의 사업가인 프랭크 맥나마라(Frank X. McNamara)는 뉴욕의 최고급 레스토랑인 메이저스 캐빈 그릴(Major's Cabin Grill)에서 고객들을 접대했다. 그런데 계산을 하려고 지갑을 꺼내려는 순간, 지갑을 집에 두고 온 사실을 깨닫고 크게 당황했다. 다행히 일행 중 한 명이 돈을 대신 내주어 위기는 모면했지만, 소중한 고객들 앞에서 망신을 당하고 말았다.

맥나마라는 이 사건 이후 당장 수중에 돈이 없어도 음식 값을 낼 수 있는 방법이 없는지 고민하다가 새롭고 놀라운 아이디어를 생각해냈다. 그는 자신이 직접 두꺼운 종이(Cardboard)로 만든 카드를 들고 다시 그 레스토랑을 찾아갔다. 그리고 레스토랑 주인에게 앞으로 이 카드를 제시하고 사인을 하면 나중에 모아서 한꺼번에 돈을 정산하겠다고 제안했다. 레스토랑 주인은 그의 제안을 흔쾌히 수락했다. 이것이 바로 최초의 신용카드인 다이너스클럽(Diners Club) 카드다.

다이너스클럽 카드가 처음 출범한 1950년 2월에는 가맹점이 200개에 불과했다. 그것도 모두 맥나마라와 그의 친구들이 직접 아는 사람들의 가게가 대부분이었다. 하지만 이내 큰 인기를 끌면서 1951년에는 가맹점이 4만 2000개로 늘어났다. 초창기 카드 연회비는 5달러였고 가맹점은 무려 7%의 수수료를 내야 했지만, 신용카드의 인기는 식을 줄 몰랐다.

신용카드는 당장 현금이 없어도 얼마든지 소비 생활을 누릴 수 있는 편리한 도구인 것처럼 우리에게 다가왔다. 하지만 그 편리함의 이면에는 빚더미를 향한 덫이 도사리고 있었다. 당장 수중에 현금이 없어도 지출을 할 수 있게 해준 신용카드는 결국 빚으로 소비를 영위하는 것이나 다름이 없었기 때문이다.

신용카드 사용료는 빚이 아닌 척 철저히 위장했기 때문에 별다른 경계심 없이 너도나도 신용카드의 마력에 빠져들었다. 그 결과 신용카드는 청교도에 기반을 두고 근검절약을 미덕으로 삼았던 미국을 소비의 천국으로 바꾸는 데 결정적인 역할을 했다.

카드 할인, 포인트 적립은 공짜 혜택이 아니다

신용카드회사는 결제 대금에 대한 일정 비율의 수수료를 수익으로 하기 때문에, 당신이 돈을 많이 쓸수록 더 큰돈을 벌 수 있다. 그래서 카드사들은 당신을 소비의 유혹에 빠뜨려 지갑을 열도록 하기 위해 더욱 교묘한 장치들을 만들어왔다.

신용카드사가 당신을 빚더미로 끌어들이는 무기는 신용카드의 포인트나 할인 혜택이다. 돈을 쓸 때마다 쌓이는 포인트는 돈을 많이 쓸수록 이득인 듯 착각하게 만든다. 하지만 포인트에 현혹되어 불필요한 지출을 한 것에 비하면 언제나 그 혜택은 미미할 수밖에 없다. 신용카드사들이 자신에게 불리한 혜택을 계속 남겨둘 리 없기 때문이다.

특히 일정 금액 이상 신용카드를 써야 할인이나 포인트 혜택을 주는 것도 소비를 유도하기 위한 방법이다. 할인이나 포인트 혜택을 받기 위한 한도를 맞추다 보면 지속적인 소비지출 증가로 이어진다. 결국 카드 혜택으로 돈을 절약할 수 있다는 착각은 우리가 지갑을 더 활짝 열도록 만드는 신용카드사의 마케팅 기법일 뿐이다.

특히 신용카드사의 VIP제도는 소비에 대한 당신의 자제력을 무너뜨리는 무서운 무기다. 신용카드사는 고객이 돈을 쓸 때마다 고객에게 점수를 부여하고, 점수가 높을수록 VIP고객으로 대

우한다. VIP가 되면 수십 가지 특전을 제공해 무언가 특별한 사람이 된 듯한 느낌을 갖게 만들지만, 당신이 쓴 돈에 비해 돌아오는 혜택은 미미할 수밖에 없다.

무이자 할부에 속고, 리볼빙에 울고

고객에게 큰 혜택을 주는 것처럼 보이는 무이자 할부도 마찬가지다. TV 한 대에 120만 원이라고 하면 선뜻 사기가 어렵지만 12개월 동안 한 달에 10만 원만 내면 된다고 설득하면 쉽게 지갑을 열게 된다. 더구나 무이자 할부로 물건을 사면 당장은 통장에 돈이 남아 있기 때문에 여윳돈이 있는 것 같은 착각을 하게 되고 더 많은 지출을 하게 된다.

카드대금의 최소 10%만 결제하면 나머지 대금은 다음 달로 넘어가는 리볼빙 결제는 특히 위험하다. 당장 돈이 없어도 카드대금 청구를 미루어주기 때문에 유용한 서비스로 착각할 수 있지만, 일단 이 서비스에 중독되면 카드대금을 줄이지 못해 항상 카드빚에 쫓기는 신세가 된다.

더구나 리볼빙 서비스의 이자율은 2016년 3월 기준 연 5.8%~27%에 이른다. 금융회사들은 당장 카드대금을 결제할 수 없는 서민들에게 혜택을 주는 것이라고 주장하지만, 정작 이를 통해 막대한 이윤을 누리는 것은 카드사들뿐이다.

이 때문에 리볼빙 서비스는 금융회사가 경제적 약자들에게 감당할 수 없는 빚을 지게 만들고, 이를 통해 막대한 이윤을 누리는 '약탈적 대출'의 대표적인 사례로 꼽힌다.

이처럼 신용카드는 당신을 빚으로 유혹하기 위해 끊임없이 진화해왔기 때문에, 우리가 신용카드의 유혹에 쉽게 넘어가는 것은 너무나 당연한 일인지 모른다. 더구나 이렇게 중요한 신용카드 사용법을 제대로 가르쳐주는 곳은 어디에도 없다.

하지만 신용카드 사용법을 제대로 알지 못한 채 사회생활을 시작하는 것은 위험하다. 만일 신용카드의 무시무시한 유혹에 당신의 인생을 맡긴다면, 자칫 우리의 인생까지 저당 잡힐 수 있기 때문이다. 신용카드를 제대로 다루기 위해서는 이제 4부에서 소개할 '빚을 통제하는 자신만의 시스템'을 구축해야 한다.

빚 없는 생활이
불가능한 시대

은행은 비 오는 날 우산을 뺏어간다

2007년 글로벌 금융 위기 전까지만 해도 세계적인 금융 그룹인 씨티 그룹의 로고에는 빨간 우산이 그려져 있었다. 1998년 씨티 그룹과 트래블러스 그룹이 합병할 때 트래블러스 그룹의 심벌이었던 빨간 우산 로고를 가져온 것이다. 이 우산에는 재해나 사고는 물론, 재정적 위기에서 고객을 보호한다는 뜻이 담겨 있었다. 하지만 실제 은행들의 행동은 이와 정반대였다.

자산 가격이 연일 폭등하고 경제가 호황을 누릴 때 은행들은 고객들에게 온갖 혜택을 제공하면서 돈을 빌려 쓰도록 유도한다. 심지어 도저히 빚을 갚을 가능성이 없는 저신용자에게도 돈을 빌려주겠다고 유혹하는 '약탈적 대출'까지 해준다. 그러다 위기가 시작되면 은행들은 고객들의 우산이 되어주기는커녕 일순간에 돈을 회수하여 고객들을 더욱 어려운 상황으로 내몬다.

이 같은 상황을 씨티 그룹의 우산 로고에 빗대어 "은행은 날씨가 맑을 때 우산을 빌려줬다가 비가 오면 뺏어간다"[3]는 신랄한 풍자가 인터넷을 통해 빠르게 퍼지기 시작했다. 이 말을 처음 한 사람이 미국의 대문호 마크 트웨인(Mark Twain)이라는 주장도 있지만, 이에 대한 근거는 남아 있지 않다.

빚이 많을수록 높아지는 고객 등급

경제가 좋을 때면 금융회사들은 당신을 빚더미로 끌어들이기 위해 온갖 유인책을 내놓는다. 그 중 가장 대표적인 전략은 당신이 빚을 질수록 더욱 특별한 존재로 여겨지도록 만드는 것이다.

우리는 흔히 남에게 빚지지 않고 자신의 소득 안에서 체계적이고 계획적으로 지출하는 사람이 더 신용도가 높을 것이라고 생각한다. 하지만 금융회사가 신용도를 평가하는 방식은 우리의 상식과는 완전히 다르다. 큰돈을 빌리고 원금이 아닌 이자만 갚아나가도 신용등급은 계속 올라간다.

더구나 빚이 많을수록 단골 고객 등급을 높여주고, 각종 수수료 할인 혜택은 물론 금리까지 깎아준다. 빚을 질수록 일종의 상을 주는 교묘한 인센티브 시스템(Incentive System)이 작동되고 있는 셈이다. 이 같은 시스템은 호황기에 우리를 흥청망청 빚에 중독되게 만드는 강력한 힘을 가지고 있다.

하지만 일단 불황으로 돈줄이 마르기 시작하면 은행들의 태도가 순식간에 돌변한다. 그 결과 제아무리 오랫동안 거래한 단골 고객이라도 만기만 되면 가차 없이 대출금을 회수한다. 이 때문에 호황기에 당신을 유혹하던 '쉬운 빚'의 친절이 불황기에도 계속될 것이라고 믿었다가는 큰 낭패를 당할 수 있다.

매진 임박! 홈쇼핑 맞먹는 은행의 전략

금융회사가 당신을 빚더미로 끌어들일 때 쓰는 또 다른 기술은 한시적인 혜택이라며 고객들을 초조하게 만들어 돈을 빌리게 하는 '시간제한 전략'이다. 이 전략은 '매진 임박'이라고 끝없이 외치는 홈쇼핑 광고처럼 당장 돈을 빌리지 않으면 당신이 큰 손해를 보는 것처럼 조바심을 느끼게 만든다.

최근에는 은행뿐만 아니라 정부까지 나서 이 같은 전략으로 국민들에게 빚더미를 떠안기고 있다. 대표적인 사례는 바로 2013년 정부가 내놓았던 수익 공유형 모기지 대출이었다. 연 1~2%대의 고정 금리로 초저금리 혜택을 주는 대신, 집값이 오를 경우 그 차익을 은행과 나누는 방식이었다.

그런데 이 상품을 출시하면서 시범 사업으로 인원을 제한하자 인터넷 접수를 시작한 지 54분 만에 무려 5,000명의 대출 신청자가 몰려들었다. 하지만 이 대출 상품이 출시된 이후 2016년 상반기까지 한국은행이 다섯 차례나 기준 금리를 인하하는 바람에 금리 면에서 별 이득 없이 수익만 은행과 나누어야 할 처지가 됐다. 결국 돈을 빌린 사람들은 정부와 은행의 시간제한 전략에 말려든 셈이 됐다.

대출보다 위험한 마이너스 통장

은행의 또 다른 전략은 빚을 졌는지 아닌지도 모르게 만드는 교묘한 위장술이다. 대표적인 사례는 바로 은행의 마이너스 통장이다. 자기 돈처럼 언제든 인출하고 언제든 갚을 수 있기 때문에 편리하다고 생각하기 쉽지만, 사실 마이너스 통장은 어떤 대출보다 위험하다.

마이너스 통장은 만기까지 돈을 갚아야 한다는 생각을 하기가 쉽지 않은데다 이자도 자동으로 통장에서 빠져나가기 때문에 빚이라는 사실을 잘 인지하지 못하고 계속 돈을 빌리게 된다. 그 결과 불필요한 이자 지출을 하게 되는 경우가 많다.

신용대출 이자보다 비싼 자동차 할부 이자

자동차 같은 내구재를 살 때 할부를 하는 것도 마찬가지다. 예를 들어 자동차 값이 3000만 원이라면 선뜻 지갑을 열기 어렵지만, 적당히 선수금을 내고 한 달에 할부금 60만 원만 내라고 하면 아무래도 구매 결정이 쉬워진다.

하지만 할부로 차를 사면 이자 부담 때문에 훨씬 더 많은 비용이 든다. 주택담보대출 금리가 연 2%대 후반으로 떨어진 2016년 3월 기준 할부 금융사(파이낸스사, 캐피탈사 등)들의 평균 금리는 연 5%대를 기록하고 있다. 심지어 할부 금리가 무려 연 10%를 넘는 곳도 있다. 더구나 중고차의 경우에는 할부 금리가 연 20%대에 육박하기도 한다.[4]

할부는 사실 자동차를 담보로 한 대출이기 때문에 담보가 확실한 대출에 속한다. 그런데도 웬만한 은행권 신용대출보다 할부 금리가 훨씬 높은 이유는 할부 금융사들의 조달 금리가 은행권보다 높기 때문이다.

더구나 할부 금리에는 자동차 영업 사원에게 지급되는 수수료 등 각종 비용이 포함되어 있다. 이 때문에 차를 살 때 은행권에서 돈을 빌리면 이자 비용을 더 줄일 수 있는데도 이를 잘 알지 못해 할부로 차를 사는 사람이 많은 편이다.

무려 이자가 연 6%! 스마트폰 약정 할부

더욱 교묘한 빚은 아예 할부라는 것조차 제대로 인식 못하게 만드는 것이다. 스마트폰을 구입할 때 대부분 약정 할부를 하고 있지만 이를 빚으로 인식하는 사람은 거의 없다. 사실 스마트폰 할부 이자율은 초저금리 시대를 무색하게 할 정도로 높은 편이다.

2016년 3월 한국소비자원은 SKT와 LG유플러스는 연 5.9%, KT는 연 6.1%의 할부 이자를 받고 있다는 자료를 내놓았다.[5] 이에 따라 스마트폰 값이 100만 원인 경우, 3년 할부로 계약하면 SKT와 LG유플러스는 9만 3,000여 원, KT는 9만 7,000여 원을 순수하게 이자로만 내는 셈이 된다.

만일 통신사가 스마트폰 계약서에 10만 원에 가까운 이자를 내야 한다는 것을 명시한다면 군이 이런 이자를 내고 할부를 택할 고객들은 많지 않을 것이다.

더 황당한 일은 2011년 이후 한국은행의 기준 금리는 물론 시장 금리가 지속적으로 하락하는 동안 통신사들의 할부 금리는 요지부동이었다는 점이다. 사실 스마트폰 할부금은 통신 요금과 함께 청구되기 때문에 부실로 연결될 가능성이 낮은 편인데도 이처럼 높은 금리를 매겨왔던 것이다. 이 같은 '숨은 빚'의 경우에는 소비자들이 빚이라는 사실을 잘 모른다는 점을 악용하기 때문에 대출 조건이 일반 대출보다 불리한 경우가 적지 않다.

전세 보증금도 빚이다

전세 보증금도 '숨은 빚' 중의 하나다. 만일 전세 보증금이 일종의 빚이라는 사실을 망각하고 그것으로 장기 투자를 하거나, 원금 손실 가능성이 큰 투자에 나서는 것은 매우 위험한 일이다. 전세 기간이 끝났을 때 마침 아파트 분양이 폭증하거나 부동산 시장이 침체되면 역전세난이 올 수 있기 때문이다.

이 경우 현금화가 가능한 곳에 투자를 해두었다면 별문제가 없지만, 환금성이 떨어지는 곳에 투자했다가 전세 보증금을 제때 내어주지 못하면 자칫 경매 절차까지 내몰리게 된다. 만약 자신의 의사와 관계없이 강제로 집을 팔아야 하는 상황이라도 생기면 평생에 걸쳐 이룬 자산을 헐값에 넘기게 되는 것이다.

눈만 뜨면 대출 광고가 판을 치는 이유

빚은 어려울 때 우리를 돕는 친구인 것처럼 우리에게 다가온다. 특히 고금리 대부업체들은 유명 연예인이나 친근한 캐릭터를 동원한 이미지 광고로 무장하고 우리에게 접근한다. 돈을 빌려줄 때는 빠르고 쉬운 '친구 같은 빚'이라는 점을 내세우지만, 조금만 연체하면 무시무시한 민낯을 드러내고 우리를 극한의 상황까지 내몬다.

게다가 반복적인 푸싱(Pushing) 전략으로 인해 처음에 빚을 꺼리던 사람들도 끊임없이 대출 광고에 노출되고, 전화와 이메일을 지속적으로 받다 보면 빚은 더 이상 경계의 대상이 아니라 우리 생활의 일부인 것처럼 받아들이게 된다. 특히 사회생활을 시작한 청년들이나 은퇴한 노년층은 푸싱 전략에 매우 취약하기 때문에 더욱 조심해야 한다.

담보대출의 경우, 금융회사들은 당신이 돈을 벌어 빚을 갚을 만한 능력이 있는지 여부는 안중에도 없다. 충분한 담보만 잡아두면 언제든 빚을 회수할 수 있기 때문이다. 또 2금융권이나 대부업체가 직장도 재산도 없는 사람에게 묻지도 따지지도 않고 신용대출을 해주는 것은 악착같이 빚을 받아낼 자신이 있기 때문이라는 점을 명심해야 한다.

'쉽고 빠른 대출'일수록 위험하다

한때 '묻지도 따지지도 않는 고령자 보험'이 큰 인기를 끈 적이 있었다. 고령자들은 갖가지 질병을 앓은 전력이 많아 보험에 가입하기가 쉽지 않다. 그런데 '누구나, 무조건' 가입할 수 있는 상품이 나오자 그동안 보험에 가입할 수 없었던 고령자들이 무더기로 이 보험에 가입했다.

하지만 보험에 가입하고 나서야 보험료에 비해 보장 내역이

형편없다는 것을 깨닫고 분통을 터뜨리는 경우가 적지 않았다. 광고는 그럴듯했지만 정작 보장 내역은 대체로 3000만 원 이하의 사망 보험금이 전부인 경우가 대부분이었다. 그 여파로 금융 감독원에 생명 보험 분쟁 조정 신청을 한 사람들 중 고령자의 비중이 2011년 6.1%에서 2014년에는 11.4%로 급증했다.

일반적으로 민간 보험은 정밀한 심사를 통해 가입 여부가 결정된다. 그런데 만일 아무런 심사가 없다면 어떻게 될까? 보험사는 매우 위험도가 높은 사람까지 고려해 보험료와 보장 수준을 결정한다. 그 결과 묻지도 따지지도 않고 가입할 수 있는 보험 상품은 상대적으로 위험도가 낮은 보험 가입자에게 불리할 수밖에 없다.

이 같은 '무심사 보험'처럼 특별한 대출 심사 없이 돈을 빌려주는 대출 상품은 대부분 대출자들에게 불리하다. 2금융권의 경우에는 은행권에 비해 조달 금리가 높기 때문에 대출 금리가 워낙 높은데다 '묻지도 따지지도 않는 대출'은 신용도가 낮은 사람들을 기준으로 금리를 책정하기 때문이다.

그런데도 돈을 빌릴 때 은행 문조차 두드려보지 않고 카드론을 사용하거나 저축은행, 대부업체를 찾는 경우가 많다. 은행은 많은 서류를 준비해야 하고, 심사가 까다롭기 때문에 시간이 오래 걸리는데다 대출 여부도 불확실한 데 반해 '묻지도 따지지도 않는 대출'은 쉽고 빠르게 돈을 빌릴 수 있기 때문이다.

하지만 그렇게 쉽게 돈을 빌릴 수 있는 대신 최고 열 배에 이르는 높은 금리를 부담해야 한다. 더구나 2금융권이나 대부업체에서 돈을 빌리면 신용도 측면에서도 불리해진다. 신용 거래의 형태에 따라 신용등급이 올라가는 속도가 크게 달라지기 때문이다. 이 때문에 일단 2금융권이나 대부업체에서 돈을 빌리기 시작하면 은행으로 돌아가기가 쉽지 않다.

WHY 4

감당할 수 없는
소비의 유혹

지갑이 열리는 마케팅 기법1 : 디드로 효과

18세기 프랑스 철학자 드니 디드로(Denis Diderot)는 친구에게 최신 유행의 멋진 진홍색 실내복(Dressing Gown) 한 벌을 선물 받았다. 그런데 멋지고 화려한 실내복을 입고 거실에 앉아 있다 보니 기존에 쓰던 소파가 너무 낡아 보였다. 그래서 새 실내복에 어울리는 모로코산 고급 가죽으로 만든 새 의자로 바꾸었다.

그런데 이것이 끝이 아니었다. 소파를 바꾸었더니 이번에는 지금까지 쓰던 낡은 책상과 벽걸이 장식이 소파와 어울리지 않았다. 그래서 최신 유행의 책상과 벽걸이로 바꾸었다. 결국 그는 집 안의 모든 가구와 장식을 바꾸고 말았다. 이 과정에서 그는 예기치 않게 빚까지 지게 됐다.

이에 대해 디드로는 「나의 옛 실내복과 작별한 것에 대한 유감(Regrets on Parting with My Old Dressing Gown)」이라는 에세이에서 자신이 고작 실내복 한 벌에 노예가 되었다고 토로했다. 새 실내복 한 벌로 시작된 작은 변화가 삶에 큰 파장을 일으키면서 결국 그 실내복이 없었을 때보다 훨씬 우울해졌다는 내용이었다.

하버드 대학의 경제학자인 줄리엣 쇼어(Juliet Schor)가 자신의 베스트셀러인 『과소비하는 미국인: 왜 우리는 필요 없는 것을 원하는가?(The Overspent American: Why We Want What We Don't Need)』에서 새로운 물건을 하나 갖게 되면 이와 연관된 물건을 끝없이 사들이는 연쇄 작용을 '디드로 효과(Diderot Effect)'라고 소개하면서 이 효과가 널리 알려졌다.[6]

우리는 그동안 알게 모르게 디드로 효과로 지갑을 열어왔다. 필자의 한 지인은 친한 친구에게 텐트 하나를 선물 받았다. 고가의 최신 텐트로 바꾼 친구가 원래 사용하던 텐트를 준 것이다. 그런데 이 텐트를 받고 나서 보니 부족한 야영 장비가 한둘이 아니었다. 결국 온갖 취사 장비는 물론 야외용 테이블과 의자, 침구류까지 사게 됐다.

그러다 친구에게 받은 텐트에 만족하지 못하게 되자 고가의 텐트를 새로 샀다. 이렇게 장비가 늘어나다 보니 기존의 세단으로는 다 싣고 다닐 수가 없었다. 그래서 결국 멀쩡한 승용차를 팔고 값비싼 대형 SUV(Sport Utility Vehicle)로 바꾸고 말았다. 그야말로 중고 텐트 하나가 거대한 소비의 소용돌이를 만들어낸 것이다.

더구나 디드로 효과의 강력한 힘을 간파한 기업들이 이를 본격적으로 마케팅에 활용하기 시작했다. 특히 애플은 이 디드로 효과를 가장 잘 활용하고 있는 대표적인 기업이다. 세련된 패밀리룩 디자인이나 소프트웨어 호환 등을 통해 아이폰 하나를 사면 이와 잘 어울리는 아이패드나 맥북까지 사도록 자연스럽게 유도하는 것이다.

심지어 관련 업계가 디드로 효과를 활용하기 위해 힘을 합치면서 한번 소비를 시작하면 좀처럼 멈추기 어려운 지경에 이르렀다. 미국의 의류 브랜드인 랄프 로렌(Ralph Lauren)은 미국의 백화점인 블루밍데일(Bloomingdale's)과 손잡고 함께 백화점 단장을 한 적이 있었다. 랄프 로렌의 옷과 어울리는 '아름다운 집'을 만들기 위해 값비싼 주방 기기나 가구를 함께 구매하도록 유인하는 마케팅이었다.

지갑이 열리는 마케팅 기법2 : 베블런 효과

기업이 우리를 소비의 유혹에 빠뜨리는 마케팅 기법은 디드로 효과만이 아니다. 경제학 교과서에서나 보던 '베블런 효과(Veblen

Effect)'를 마케팅에 활용하는 기업도 적지 않다.

경제학에서는 인간을 꼭 필요한 물건만 사는 합리적인 존재로 간주하지만, 실제 인간은 남에게 과시하기 위해서 굳이 비싼 사치품을 사는 경우가 많다. 이 같은 현상을 처음 학문적으로 연구한 소스타인 베블런(Thorstein Veblen)의 이름을 따서 '베블런 효과'라고 부른다.

기업들은 베블런 효과를 활용해 사람들의 과시욕을 자극한다. 자동차 회사가 남들의 질투 어린 시선을 강조하는 광고를 만든다든가, 명품 가방의 가격을 지속적으로 올려 선망의 대상으로 만드는 방법 등이 대표적인 사례다. 그런데 이 같은 베블런 효과에 넘어가 남에게 과시하기 위해 돈을 쓰기 시작하면 아무리 소득이 높아도 도저히 소비를 감당할 수 없게 된다.

지갑이 열리는 마케팅 기법3 : 밴드왜건 효과

베블런 효과보다 더 위험한 것은 바로 '밴드왜건 효과(Bandwagon Effect)'라고 할 수 있다. 이는 사치품을 살 여유가 없는 사람이 주변 사람에게 뒤처질까 두려워 무리해서 값비싼 물건을 사는 것을 뜻한다. 동창회나 학부모 모임에 나가기 위해 수백만 원짜리 가방이나 옷을 사거나, 유명 연예인이 입고 나온 값비싼 옷이 날개 돋친 듯 팔리는 현상이 그 대표적인 사례다.

또한 기업들은 사은품을 내걸어 '미끼 효과'를 노리기도 하고, 우리가 인식하지 못하는 사이에 광고를 노출시키는 '잠재의식 효과(Subliminal Effect)'를 마케팅에 활용하기도 한다. 이처럼 심리적 약점을 파고드는 소비의 유혹은 우리를 쉽게 무너뜨리고, 최면에라도 걸린 것처럼 선뜻 지갑을 열게 만든다.

만일 우리가 디드로 효과와 베블런 효과, 그리고 밴드왜건 효과 등 심리를 노린 마케팅 기법에 굴복해 감당할 수 없을 만큼 소비를 하고, 그로 인해 빚까지 진다면 문제는 아주 심각해진다. 소비로 인한 빚은 가장 통제하기 어려운 빚에 속하는 만큼, 한번 그 수렁에 빠지면 웬만해서는 헤어나기가 쉽지 않기 때문이다.

요즘에는 주체할 수 없는 소비 충동을 '지름신'이라고 표현한다. 이 말은 국립국어원 신어(新語) 자료집에도 수록될 만큼 보편화됐다. 이처럼 소비 충동을 '신(神)'에 비유할 정도로 소비의 유혹을 이겨내기란 결코 쉬운 일이 아니다.

하지만 소비의 충동을 참지 못하는 것을 단지 개인적인 문제라고 하기는 어렵다. 지름신의 진짜 정체는 우리의 심리를 교묘하게 파고들어 지갑을 열게 만드는 기업의 치밀한 마케팅이기 때문이다. 그런 탓에 아무런 대비책 없이 무방비 상태로 지름신과 싸우기는 너무나도 어려울 수밖에 없다.

수입 2배, 지출도 2배! 맞벌이 부부의 함정

흔히 맞벌이를 하면 빚에서 벗어나 경제적 자유를 누릴 수 있을 것이라고 생각한다. 하지만 그러한 기대와 달리 정작 맞벌이하는 가구가 더 많은 빚을 지게 되는 경우가 적지 않다. 실제로 2016년 한국노동연구원이 25~55세 중장년층의 기혼부부 가구를 맞벌이와 외벌이로 나누어 금융 부채를 분석한 결과, 맞벌이 가구의 금융 부채는 6172만 원으로 외벌이 가구의 5194만 원보다 978만 원이 더 많았다.[7]

이런 현상은 우리나라만이 아니라 미국도 마찬가지다. 전 하버드 대학 교수이자 미국 상원의원인 엘리자베스 워런(Elizabeth Warren)은 2004년 자신의 저서인 『맞벌이의 함정』에서 맞벌이 가구라고 방심했다가는 오히려 더 열악한 재정 위기에 처할 수 있다고 경고했다.

워런 상원의원은 소득이 높은 만큼 맞벌이 가구가 사교육에 투자하는 비용이 더 크다고 말한다. 더구나 현재의 소득이 내일도 계속될 것으로 생각해 대출까지 받아 더 비싸고 좋은 학군에 있는 집을 구입하게 된다. 그 결과 평균적으로 맞벌이의 소득이 외벌이보다 많지만 여유 자금 측면에서는 외벌이보다 못한 경우도 적지 않다는 것이다.

흔히 맞벌이 가구는 한 명이 직장을 잃어도 다른 한 명이 벌기 때문에 재정적으로 더 안정되어 있을 것이라고 생각하기 쉽다. 하지만 맞벌이 소득을 기준으로 지출을 해온데다 대출까지 받아 놓았기 때문에 한 명이 직장을 잃어도 쉽게 지출을 줄일 수가 없다. 이 때문에 경제 위기가 오게 되면 외벌이보다 맞벌이 가구가 더 취약한 경우가 적지 않다.

이렇게 맞벌이라고 과신했다가 더 위험한 함정에 빠질 수 있다는 워런의 경고는 그녀의 책이 출간된 지 4년 뒤인 2008년 글로벌 금융 위기가 시작되자 사실로 드러났다. 맞벌이 가구의 소득이 외벌이 가구에 비해 75%나 높았지만 파산 신청을 하는 비율은 오히려 맞벌이 가구가 더 높았다.

이 같은 현상은 우리나라에서도 일어나고 있다. 통계청과 한국은행의 가계 동향 조사에서 2015년 맞벌이 가구의 월 소득은 539만 원으로 외벌이 가구의 365만 원보다 174만 원이 더 많았다. 하지만 맞벌이 가구의 경우 교육비와 주거비 지출이 외벌이보다 훨씬 크기 때문에 맞벌이와 외벌이의 가계흑자 차이는 69만 원으로 소득 차이에 비해 크지 않은 것으로 나타났다.[8]

더구나 맞벌이 가구는 씀씀이가 커진 탓에 더 많은 빚을 지게 된다. 맞벌이 가구의 아내는 외벌이 아내보다 부동산 담보대출과 신용대출이 두세 배가 더 많은 것으로 나타났다. 이처럼 가계 빚에 의존하게 되면 우리나라의 맞벌이 가구도 미국처럼 경제 불황 시기에 더욱 취약해질 위험이 있다.

맞벌이의 함정에 빠지지 않으려면?

'맞벌이의 함정'에 빠지지 않으려면 어떻게 해야 할까? 워런 상원의원은 차라리 외벌이를 할 것을 제안한다. 평소에는 외벌이 소득에 맞춰 살다가 가계수지가 악화되면 그때 가서 맞벌이를 시작하는 것이 낫다는 것이다. 또 기존에 일하던 배우자가 실직했을 때 부부가 함께 일자리를 찾아나서는 것이 경기 불황에 따른 위험을 줄이는 길이라고 말한다.

하지만 필자가 보기에 우리나라에서 이 같은 전략은 어림도 없다. 우리나라에서는 경력이 단절된 여성이 괜찮은 일자리 (Decent job)를 구하는 것이 거의 불가능에 가깝다.

더구나 교육비를 마련하거나 대출금을 갚기 위해 어쩔 수 없이 맞벌이를 하는 가구가 많기 때문에 부부 중 한 명이 일을 그만두면 당장 극심한 재정난에 빠지게 될 수밖에 없다. 이 때문에 워런 상원의원의 제안을 따르기보다 우리나라 사정에 맞는 방식으로 맞벌이의 함정에 대비를 해나가는 것이 좋다.

첫째, 우선 부부가 서로의 재정 상황을 투명하게 공유하는 것이 중요하다. 맞벌이 부부들이 각자 돈을 관리하면서 상대방의 소득이나 지출을 전혀 알지 못하면 돈 관리에 구멍이 생길 수밖에 없다.

만일 부부 사이라도 돈 문제만은 반드시 각자의 프라이버시를 지켜야 한다고 생각하는 경우라면, 공동의 재테크 통장을 만들어 부부가 함께 모으는 목돈만이라도 잘 관리해나가야 한다.

둘째, 부부가 함께 노후 계획과 재테크 목표를 세우고 이를 공유해야 한다. 계획을 공유하지 않으면 재무 상황을 통제할 수 없기 때문에 가계의 여유 자금을 효율적으로 관리하기도 어렵고, 위기 대처 능력도 떨어질 수밖에 없다. 또한 부부 중 한 사람이 자신만의 재테크 목표를 고집하게 되면 결국 가정의 불화만 커질 뿐 목표를 달성하기는 더욱 어려워진다는 점을 명심해야 한다.

셋째, 맞벌이 부부가 서로 재무 상태와 재테크 목표를 공유한 이후에는 이를 기반으로 위험 관리를 시작해야 한다. 맞벌이는 둘이 벌기 때문에 재정적 위기에 빠질 가능성이 더 낮을 것으로 생각하기 쉽지만, 사실 부부 중 한 명만 직장을 잃어도 재정난을 겪는 구조라면 오히려 외벌이보다 더 위기에 취약할 수 있다는 점을 명심해야 한다. 특히 맞벌이 소득의 한계까지 내구재를 사고, 과도하게 빚을 내서 투자에 나선다면 극히 위험하다.

우리나라에서 맞벌이 비중은 2006년 39.1%에서 2014년에는 41.7%로 점차 높아지고 있다. 특히 20대 가구는 열 가구 중에 아홉 가구가 맞벌이를 할 정도로 그 비중이 높다. 맞벌이가 오히려 함정이 되지 않도록 하려면 늘어난 소득만큼 더욱 철저하게 자산을 관리하고 위험을 통제해나가야 할 것이다.

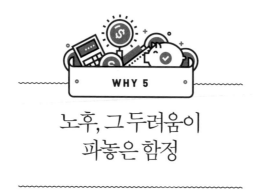

노후, 그 두려움이
파놓은 함정

금융회사의 먹잇감이 된 노후 불안

요즘은 두 명만 모이면 주된 화두가 노후 걱정이다. 은퇴를 앞둔 40~50대는 물론이고, 심지어 20~30대도 노후 걱정을 한다. 수명은 계속 늘어나고 있지만 노후에 대한 대비는 너무나 미약하기 때문이다.

특히 우리나라에서는 주거비나 교육비 지출이 너무 크기 때문에 노후 대비가 쉽지 않다. 그 결과 안락해야 할 노후 생활이 우리나라에서는 공포의 대상이 되고 있다.

문제는 이 같은 우리의 공포심을 이용한 금융회사들의 마케팅이다. 노후를 미리 대비하는 것은 매우 중요한 일이지만, 그렇다고 금융회사들이 권하는 장기 상품에 무턱대고 가입했다가 중도에 해지하면 엄청난 손해를 볼 수 있다.

해지가 어려운 금융 상품에 돈을 묻어둔다고 해서 노후가 보장되는 것은 결코 아니다. 노후에 대한 막연한 공포는 일부 탐욕스러운 금융회사들의 좋은 먹잇감이 될 뿐이다.

양날의 검, 노후 대비 보험

실제로 필자가 2014년 취재 과정에서 만난 한 20대 여성은 대학생 때부터 밤늦게까지 아르바이트를 하며 힘겹게 돈을 벌었다. 일찌감치 노후 준비를 시작해야 한다는 생각에 돈을 어떻게 굴려야 할지 고민하다가 한 보험사 창구를 찾아갔다. 그곳에서 만난 설계사는 높은 수익률로 노후에 다달이 연금을 받을 수 있는 상품이 있다며, 한 달에 108만 원을 내는 보험 상품을 권했다.

하지만 그 여대생이 가입한 상품은 일반적인 연금 보험이 아니라 나중에 연금으로 전환이 가능한 '종신 보험' 상품이었다. 보험 설계사가 20대 초반의 젊은 미혼 여성에게 자신이 사망해야 6억 원을 받을 수 있는 종신 보험 상품을 노후 대비용이라며 권유했던 것이다. 나중에 연금 보험으로도 전환할 수 있다지만, 값비싼 사업비를 내야 하기 때문에 큰 손해였다.

그 여성은 뒤늦게 이 사실을 알고 보험을 해지하려 했지만, 돌려받을 수 있는 돈은 불입한 원금의 절반이 안 됐다. 일찌감치 노후에 대비하려고 가입했던 보험 상품이 밤잠 설쳐가며 힘들게 번 돈을 절반이나 앗아가고 말았다.

더 안타까운 일은 여윳돈을 장기 저축성 보험에 몽땅 몰아넣고, 당장 쓸 생활 자금이 부족해 보험사에서 약관대출로 돈을 빌리는 것이다. 이 경우 노후에 대비하겠다는 생각으로 시작한 장기 저축성 보험이 오히려 빚더미를 떠안긴 것도 모자라 애꿎은 이자까지 물린 셈이다.

아무리 노후가 걱정되더라도 저축성 보험이나 종신 보험, 연금 보험 등 장기 금융 상품에 가입하기에 앞서 주변 사람들과 충분히 의논하는 것이 좋다. 또한 다달이 불입하는 보험료가 가계에 얼마나 부담을 주는지, 그리고 그렇게 많은 돈을 한곳에 묶어두더라도 예기치 못한 상황에 대처할 수 있을지 꼼꼼히 따져봐야 한다.

그리고 이런 장기 금융 상품은 추후 해지할 경우에 대비해 가급적 계좌를 분산해두는 것이 좋다. 계좌를 분산하면 나중에 급히 목돈이 필요할 때 일부 상품만 해지해도 되기 때문에 그에 따른 손실을 최소화할 수 있다.

특히 예금자 보호가 5000만 원까지인 점을 감안해 한 보험사의 보험금이 5000만 원을 넘지 않도록 하는 것이 좋다. 아무리 튼

튼한 보험사라도 보험금을 받게 될 30~40년 뒤에 어떤 일이 일어날지 모르기 때문에 보험사도 최대한 분산하는 것이 안전하다.

하우스푸어만큼 심각한 자영업푸어

기대 수명이 81.8세로 높아진 상황에서 만약 50대 초반에 직장을 그만두면 30년 가까이 은퇴 생활을 해야 한다. 이런 상황에서 노후에 대한 불안감 때문에 쉽게 저지르는 또 다른 실수는 철저한 준비 없이 막대한 빚을 지고 자영업에 뛰어드는 것이다.

자영업에 뛰어든 이들의 결과는 참담하다. 국세청 자료를 보면 가게 문을 연 이후 5년을 버티는 자영업자는 열 명 중에 세 명뿐이다. 10년을 버티는 자영업자는 고작 16% 정도에 불과하다. 특히 가장 실패하기 쉬운 사람은 직장을 그만둘 때까지 아무런 준비도 하지 않다가 특별한 노하우 없이 자영업에 뛰어드는 사람이다.

더 큰 문제는 이들이 많은 빚을 지고 자영업에 뛰어들고 있다는 점이다. 550만 명의 자영업자가 금융회사에 진 빚은 520조 원으로, 전체 가계부채의 절반에 육박하는 수준이다. 빚이 있는 자영업자 가구의 평균 부채는 가구당 평균 1억 2000만 원으로 임금 근로자 가구의 부채인 3800만 원의 세 배가 넘는다.[9]

그렇다면 이렇게 천문학적인 빚까지 지고 뛰어든 자영업자들은 충분한 소득을 올리고 있을까? 2015년 KB금융지주 경영연구소의 발표에 따르면 자영업자의 연간 평균 소득은 2012년 기준 3472만 원으로, 임금 근로자 평균 소득인 3653만 원보다 낮았다. 엄청난 돈을 투자한 자영업자들이 임금 근로자의 소득조차 따라가지 못하고 있는 것이다.

이 때문에 자영업자들은 사업으로 빚을 갚기는커녕 빚이 점점 더 불어나면서 한계 상황에 내몰리고 있다. 결국 안락한 노후를 위해 시작한 자영업이 노후에 가장 큰 위협이 되고 있는 셈이다.

이 같은 자영업의 함정에 빠지지 않으려면 은퇴 이전에 적어도 5~10년 동안의 준비 과정을 거쳐야 한다. 각 지방자치단체에서 운영하는 자영업 강좌를 듣고 좋은 상권을 물색하고, 아르바이트를 통해 실전 연습을 해보는 등 다양한 경험을 쌓으며 철저하게 준비해나가야 한다. 그리고 가능하다면 빚지지 않고 자영업을 시작할 수 있도록 시간을 두고 자금 조성 계획을 세워나가는 것이 좋다.

나이가 들수록 현금성 자산 확보가 필수

마지막으로 주의해야 할 것은 자신이 보유한 부동산 등 각종 자산 가치에 자신의 노후를 맡기는 것이다. 그러나 자산 가치는 장부 가격일 뿐이기 때문에 언제 급변할지 알 수 없다. 지금까지 우리가 알던 모든 경제 원칙이 뿌리째 흔들리는 지금과 같은 상황에서 그런 '장부 가격'에 의존하는 것은 너무나 위험하다.

더구나 그런 장부 가격을 믿고 은퇴할 때까지 빚을 지고 있는 것은 더욱 위험하다. 장부 가격은 변하지만 빚은 고정되어 있기 때문에 자산 가격이 하락하면 그 여파는 더욱 치명적이다.

예를 들어, 순자산이 2억 원인 사람이 3억 원의 빚을 지고 5억 원 상당의 부동산을 샀다고 가정해보자. 이 경우 부동산 가격이 1억 원만 떨어져도 순자산은 1억 원으로 반 토막이 나게 된다.

젊었을 때는 이런 손실이 생겨도 복구할 기회가 있다. 하지만 은퇴 시기에 가까워질수록 그 손실을 복구할 가능성은 크게 떨어진다. 이 때문에 대부분의 선진국에서는 나이가 들수록 부동산이나 주식을 정리해 빚을 줄이고 현금성 자산을 크게 늘리는 경향이 있다. 하지만 우리나라에서는 은퇴 이후에도 값비싼 부동산을 고집하기 때문에 오히려 나이가 많을수록 소득 대비 부채 비율이 높아지는 기현상이 나타나고 있다.

노후에 대한 막연한 불안감으로 무리하게 투자를 하면 오히려 노후를 위험에 빠뜨리게 된다. 더구나 노후가 두렵다고 빚에 의존하기 시작하면, 빚은 삶의 마지막 순간까지 우리를 짓누르게 될 것이다. 만일 여유 있는 노후를 꿈꾼다면 당장 막연한 두려움을 떨쳐버리고, 이제부터라도 노후에 충분한 현금 흐름을 만들 수 있는 재무 구조를 차근차근 만들어가야 할 것이다.

정부의 대출 지원,
약인가? 독인가?

국가가 쌓아놓은 빚은 국민에게 돌아온다

스페인 합스부르크 왕조의 2대 국왕인 펠리페 2세(Felipe II)는 부왕에게 유럽 대륙을 아우르는 광대한 영토를 물려받았다. 그는 재임 기간 동안 하루에 400건이 넘는 문서를 처리해 '서류왕'이라는 별명이 붙을 정도로 일에 몰두하며 '해가 지지 않는 나라' 스페인을 더욱 확장하기 위해 동분서주했다.

하지만 이 같은 노력과 달리 그에 대한 평가는 좋지 않다. 가장 큰 문제는 그가 남긴 엄청난 빚이었다. 그는 국가적인 문제가 생길 때마다 모두 빚이라는 미봉책으로 해결하려 했다. 그 결과 그의 재임 기간 동안 무려 네 차례나 국가 파산을 겪었고, 국가 부채는 네 배로 급증했다. 결국 아들인 펠리페 3세에게 도저히 갚을 수 없는 천문학적인 빚을 물려주었다.

펠리페 2세의 재임 기간 동안 스페인은 외형적으로 전성기를 누리는 듯 보였지만 모두 환영(幻影)에 불과했다. 특히 아들 펠리페 3세는 스페인의 몰락을 뻔히 지켜보면서도 아버지가 물려준 엄청난 빚 때문에 손쓸 기회조차 없었다. 현대 경제에서도 국가가 빚으로 문제를 해결하기 시작하면 그 부담은 결국 미래의 우리 자신에게 부메랑처럼 돌아오게 된다.

빚내라고 등 떠미는 정부의 속사정

우리 경제는 이제 고성장의 시대를 마감하고 저성장 시대로 바뀌는 중요한 변곡점을 지나고 있다. 이처럼 거대한 변화 과정을 거치며 청년과 노인, 일자리 문제 등 각종 사회·경제적 문제들이 복합적으로 터져 나오고 있다. 그런데 우리 정부는 이 같은 문제를 근본적으로 해결하기보다 빚으로 틀어막는 데 급급했다.

집값이 올라 내 집 마련이 어려워지자 각종 대출 정책을 쏟아냈고, 전세가가 폭등하니까 전세자금대출을 확대했다. 특히 대학 등록금이 치솟아 청년들이 고통을 받기 시작하자 학자금대출을 늘렸다. 또 생활고에 시달리는 서민들이 급증하자 햇살론이나 미소금융 같은 정책적 대출을 확대했다.

하지만 이 같은 정책은 서민 정책이라기보다는 집값 사이클의 정점에서 서민들이 빚을 지고 집을 사도록 등을 떠미는 데 결정적인 역할을 해왔다. 이처럼 근본적인 문제를 해결하지 않고 빚더미로 일단 틀어막는 식의 정책은 시장을 왜곡해 문제를 더 키울 뿐이다.

집값 상승 초기에는 여윳돈이 충분하거나 신용도가 높아 돈을 빌리기 쉬운 부유층이 먼저 집을 사는 경우가 많다. 그리고 중산층까지 돈을 빌려 부동산 시장에 뛰어들 때쯤 되면 집값 상승 사이클은 최고조에 이른다. 그런데 의도했든 안 했든 정부는 집값이 절정에 다다랐을 때부터 서민 주거 안정 대책이라며 저소득층에게 내 집 마련 자금을 대출해주는 정책을 마구 쏟아내기 시작한다.

그 결과 서민들까지 정부의 대출 지원을 받아 집을 사기 시작하면 얼마 못 가 부동산 값 상승세가 한풀 꺾이고 안정세로 접어든다. 집을 살 만한 사람들이 다 부동산을 사고 나면 더 이상 상승 여력이 없기 때문에 부동산 상승 사이클은 끝나고 만다. 결국 서민들만 막차를 타게 되어 부동산으로 시세 차익을 누리기는커녕 대출 이자를 갚느라 오랫동안 큰 고통을 겪게 되는 것이다.

정부가 전세 대출 자금을 지원하는 이유

서민을 위한 정부의 전세 대출 지원 정책도 사정은 마찬가지다. 물론 당장 돈 한 푼이 아쉬운 서민들은 정부가 지원하는 전세 자금 대출이 가뭄의 단비처럼 느껴질 수도 있다. 하지만 너도나도 정부의 전세 자금 지원을 받아 전세 시장에 뛰어들면 세입자 간의 경쟁이 심해져 전셋값이 더 오르고 세입자들의 빚만 폭증해 이자를 갚느라 허덕이게 된다. 결국 세입자를 위한다는 정책이 오히려 세입자들을 더 궁핍하게 만드는 경우가 적지 않다.

더구나 이제는 사회 안전망의 사각지대에 놓인 서민 문제까지 모두 대출로 해결하려고 한다. 우리나라는 OECD 회원국 중에서도 사회 안전망이 가장 미흡한 나라 중 하나다. 이 때문에 실직을 하거나 병에 걸리면 생활고에 시달리다가 빚을 지게 되는 경우가 적지 않다.

유럽 선진국들의 서민 정책은 직업 재교육 등을 통해 서민들이 다시 생활고에 빠지지 않도록 소득 기반을 만들어주는 데 있다. 이에 비해 우리나라는 '햇살론'이나 '새 희망의 홀씨' 등 대출 정책에 과도하게 의존하고 있다. 하지만 이런 대출 지원 정책만으로는 서민들의 소득 기반을 만들 수 없기 때문에 좀처럼 고금리 대출의 유혹에서 벗어나지 못하는 것이다.

졸업장과 동시에 얻은 빚, 학자금대출

더욱 심각한 것은 학자금대출이다. 우리나라 사립대학 등록금은 1989년 대학 등록금 자율화 조치 이후 24년 동안 무려 다섯 배 가까이 폭등했다. 연평균 등록금 인상률이 7%를 기록해 물가 상승률보다 두 배나 더 높았다.

이처럼 등록금이 오른 것은 결코 청년 세대의 탓이 아님에도 불구하고, 우리는 등록금 폭등의 구조적인 문제를 해결하지 않고 청년들에게 더 많은 돈을 빌려주는 대출 정책으로 모든 책임을 청년들에게 떠넘기고 말았다.

그 결과 학자금대출 잔액은 2010년 3조 6000억여 원에서 2015년에는 12조 3000억여 원으로 5년 만에 세 배가 넘게 급증했다. 더구나 취업난과 불안한 일자리로 고통받고 있는 청년들이 졸업 후 이렇게 불어난 학자금대출을 갚아나가는 것은 정말 쉬운 일이 아니다.

이 때문에 일단 취업할 때까지만이라도 버티자는 생각으로 청년들이 대부업체나 불법 사금융까지 손대는 경우가 늘고 있다. 그 결과 학자금대출 때문에 인생의 출발선에 제대로 한번 서보지도 못하고 경제 활동에서 낙오되는 안타까운 청년들이 적지 않다. 이쯤 되면 학자금대출로 이득을 본 것이 과연 청년인지 대학 재단인지 모를 정도다.

대출은 문제를 근본적으로 해결하는 방법이 아니라 단지 통증을 잊게 하는 진통제와 같아서, 만일 오늘의 빚만으로 고통에서 벗어나지 못하면 그다음에는 더 큰 빚을 지게 될 것이다. 정부가 권하는 빚이라고 해서 이런 정책 기조에 휘둘렸다가는 큰 낭패를 당할 수 있다. 비록 정부의 정책 자금 대출이라도 자신이 그 빚을 제대로 통제할 수 없다면 순식간에 나쁜 빚으로 돌변한다는 점을 잊지 말아야 할 것이다.

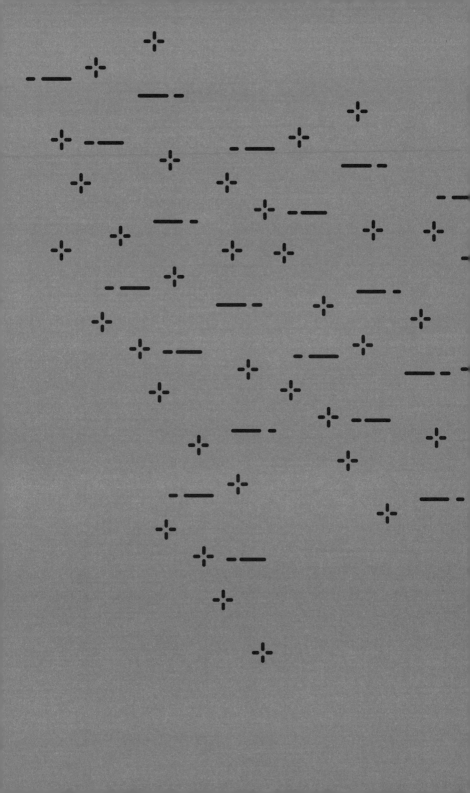

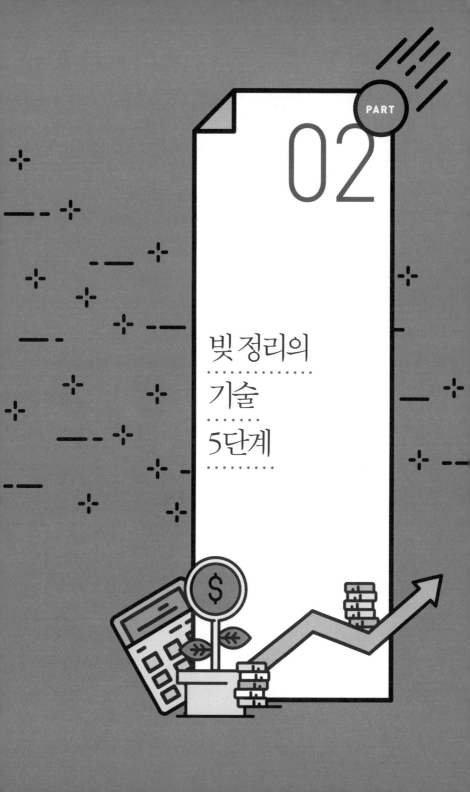

PART

02

빛 정리의
....
기술
......
5단계
....

빚은 금액보다
구조를 먼저 알아야 한다

모든 대출을 한눈에! 대출 리스트 작성법

필자가 빚 때문에 고통받고 있는 사람들을 취재하다가 깜짝 놀랐던 적이 있다. 과도한 채무에 시달리는 사람 가운데 자신이 갚아야 할 빚이 정확하게 얼마인지, 대출 금리는 어느 정도인지, 대출 만기가 언제인지, 자신의 금리가 적정한 수준인지 정확하게 알지 못하는 사람이 꽤 많았기 때문이다. 만일 자신의 빚이 어떤 구조인지조차 모른다면 가계부채가 어느 정도 위험한 수준인지 가늠하기 쉽지 않을 것이다.

현재의 부채 구조는 물론, 빚으로 인해 생길 미래의 위험까지 미리 파악하기 위해서는 자신의 모든 빚을 일목요연하게 하나의 표로 만들어두는 것이 좋다. 특히 보이지 않는 숨은 빚을 정확하게 파악하는 것이 중요하다. 자동차 할부금이나 카드 할부금은 물론 마이너스 통장, 전세 보증금, 곧 지불해야 하는 카드 대금도 모두 숨은 빚이라고 할 수 있다.

▶ 대출 리스트 작성법 ◀

대출 유형	주택담보대출	보험약관대출	마이너스 통장	카드론	자동차 할부
최초 대출금	5000만 원	3000만 원	–	500만 원	1500만 원
대출 잔액	3807만 원	2530만 원	1700만 원	500만 원	1196만 원
월 상환액	27만 원	55만 원	–	–	48만 원
대출 금리	현재 연 3.1% (고정)	현재 연 4.5% (변동)	현재 연 3.5% (변동)	연 15.9% (고정)	연 10.2% (고정)
상환 방식	20년 원리금 균등분할	5년 원리금 균등분할	수시 상환	만기일시 상환	3년 원리금 균등분할
중도상환 수수료	현재 2%, 18년 이후 1.5%	없음	없음	없음	2%
연체 이자율	연 11%	연 19%	연 14%	연 27.9%	연 24%
상환일	매월 8일	매월 9일	–	–	매월 5일
대출일	2011/01/08	2015/12/09	2016/09/05	2016/07/05	2016/02/05
만기일	2031/01/08	2020/12/09	2017/09/05	2017/07/05	2019/02/05
대출 회사	○○은행	○○보험	○○은행	○○카드	○○캐피탈

대출 리스트를 만들 때 중요한 것은 빚의 규모만이 아니라 만기가 돌아오는 날짜와 현재의 대출 금리를 모두 기록해두어야 한다는 것이다. 특히 월 상환액을 정확하게 기록하고 '만기일시상환'인지, 아니면 '원리금균등분할상환'인지도 표시해야 한다.

이렇게 표를 만들면 급하게 갚아야 할 빚이 있는지, 빚을 갚을 여력이 생기면 어떤 빚부터 갚아야 하는지, 또 현재 자신의 빚이 소득에 비해 무리한 수준인지 아닌지를 한눈에 파악할 수 있기 때문에 이전보다 빚을 통제하기가 훨씬 수월해진다.

빚 정리의 핵심! 대출 만기 관리

대출 리스트를 만든 뒤에 가장 먼저 할 일은 바로 각 대출의 만기를 확인하는 것이다.

경제가 호황일 때는 대체로 만기 연장(Roll-over)에 어려움이 없기 때문에 대출 만기가 얼마나 중요한 것인지 잘 인식하지 못한다. 하지만 금융 시장이 조금만 얼어붙어도 만기를 연장하기가 얼마나 어려운지 뼈저리게 느끼게 된다.

1997년 우리나라가 외환 위기로 내몰린 배경에는 고도성장의 후유증과 과잉 투자, 기업의 지배 구조 등 복합적인 원인이 서로 맞물려 있었다. 그런데 외환 위기의 방아쇠를 당긴 직접적인 원인은 바로 잘못된 대출 만기 관리였다.

● 1975년 주로 외자 도입을 위해 설립된 제2금융권 금융회사. 저리의 단기 자금을 들여와 고리 장기 대출을 일삼아 1997년 외환 위기의 원인으로 지목됐다.

1990년대 김영삼 정부는 세계화를 내세우며 제2금융권에 단기 외채 시장을 개방했다. 당시 장기 외채의 금리는 연 6%였지만, 만기가 짧은 단기 외채 금리는 연 3%에 불과할 정도로 장단기 금리 차가 컸다. 이런 상황에서 정부가 단기 외채를 개방하자 재벌 기업들은 자기 계열의 종합금융사●들을 내세워 마구잡이로 단기 외채를 빌려와 장기 시설 투자를 시작했다.

더구나 종합금융사들은 이에 만족하지 않고 일본이나 미국 등에서 저금리 단기 외채를 빌려와 동남아시아에 고금리 장기 대출로 빌려주기 시작했다. 그 여파로 단기 외채 규모가 무려 1000억 달러(약 113조 원)를 돌파할 정도로 불어났다. 당시 종합금융사들은 단기 외채의 만기 연장이 안 될 수도 있다는 생각은 꿈에도 하지 못하고, 그저 싼 금리로 조달한 자금을 비싸게 빌려주는 이 사업을 황금 알을 낳는 거위로 생각했다.

그러나 1997년 동남아시아 금융 불안으로 신용경색이 시작되자, 단기 자금을 빌려주었던 일본 금융회사들은 만기가 돌아오는 순간 곧바로 우리나라에게 원금 상환을 요구했다. 하지만 단기 자금으로 빌려온 돈을 대부분 장기로 투자했기 때문에 회수할 수 있는 자금은 거의 없었고, 결국 국가 부도 위기 사태까지 내몰리고 만 것이다.

감당할 수 있는 빚의 상한선을 정하자

대출 만기를 모두 파악했다면 그다음 할 일은 자신의 부채가 장기적으로 감당할 만한 수준인지 검토하는 것이다.

금융위원회는 2015년 10월 가계부채 구조 개선을 위해 선보인 '안심주머니 앱'에서 '권장 대출 한도'를 13%로 제시했다. 즉, 매달 갚아나가는 원리금 대출 상환액의 비중이 소득의 13%를 넘지 않을 것을 권장한다는 이야기다. 그리고 가계 형편에 무리를 주지 않는 마지노선인 '안전 대출 한도'는 원리금 상환액이 가계 소득의 30%를 넘지 않는 선으로 설정했다.

하지만 2015년 6월 말 기준 수도권 가구의 평균 원리금 상환액이 가계 소득의 34%를 넘어선 것으로 나타났다. 이 같은 수치는 이미 상당수 가구가 '안전 대출 한도'를 넘어 심각한 위험 상태에 처했음을 보여준다.

더구나 금융위원회는 연령에 관계없이 30%를 '안전 대출 한도'로 잡았지만, 사실 이 비중은 나이가 들수록 낮추어야 한다. 40대 이상이라면 원리금 상환액이 소득의 25%를, 50대 이상이라면 20%를 넘지 않아야 '안심'할 수 있다. 은퇴가 가까울수록 빚을 갚을 수 있는 여력이 급격히 줄어들기 때문이다.

만일 자신의 대출 상환액이 연령대별 '안전 대출 한도'를 넘어선다면 당장 부채 부담을 줄이려는 노력을 시작해야 한다. 특히 원리금을 갚아나가느라 가계수지가 지속적인 적자 상태에 빠졌다면 매우 심각한 위험 신호로 받아들이고 당장 대대적인 가계수지 조정에 나서야 한다. 이는 빚을 갚느라 빚이 늘어나는 악순환을 불러올 수 있기 때문이다.

가계수지를 조정할 때 가장 고통이 적은 방식은 물론 소득을 늘리는 것이겠지만, 지금처럼 경제 상황이 급속히 악화되고 있는 상황에서 돈을 더 번다는 것은 쉬운 일이 아니다. 만일 소득을 높이는 것이 쉽지 않다면 지출을 최대한 줄여서라도 최소한 빚을 갚느라 빚을 지는 상황에서는 빨리 벗어나야 한다.

소액이라도 연체는 금물

마지막으로 자신의 대출 리스트를 보면서 연체 금액이 있는지 확인해보자. 연체가 되면 높은 이자를 부담해야 하는 것은 물론 신용 점수가 낮아져 이중으로 손해를 보게 된다. 이 때문에 다른 자산을 정리해서라도 빨리 연체를 막는 것이 중요하다.

하지만 우리 주변에는 소액 연체를 대수롭지 않게 여기거나, 부주의로 인해 연체된 것을 모르는 경우가 많다. 가장 흔한 실수는 각종 할부금이나 요금 등을 연체하는 것이다. 그런데 스마트폰 요금이나 전기 요금 연체는 가산율이 1.5~2%에 이른다. 특히 위험한 것은 모바일 소액 결제를 연체하는 것이다. 이 경우 연체

가산율이 월 최고 3~5%에 이르기 때문에 연리로 환산하면 법정 최고 한도를 넘어설 정도로 높다. 더구나 두어 달만 연체해도 곧 바로 자신의 신용도에 큰 영향을 미치기 때문에 주의해야 한다.

연체로 인해 신용도가 급락하는 것은 세계적 부호인 워런 버핏(Warren Buffett)조차 피해갈 수 없었다. 2008년 3월 미국의 종합 경제지인 《포춘》지는 워런 버핏의 신용 점수 파이코(FICO)가 고작 718점으로, 미국인 평균에 불과하다는 소식을 전했다.[1] 파이코는 미국의 대표적인 개인신용평가 점수로, 800점을 넘는 사람이 전체의 20% 이상이기 때문에 718점은 세계적인 부호의 명성과는 전혀 어울리지 않는 낮은 점수였다.

워런 버핏의 파이코 신용 점수가 이렇게 낮아진 이유는 케이블 TV 연체 대금 때문이었다. 《포춘》지는 버핏 같은 세계적 부호가 케이블 TV 대금을 연체했을 리 없다며 그가 사기를 당한 것 같다고 추정했다.

얼마 안 되는 소액이라도 일단 연체를 하면 제아무리 워런 버핏이라도 신용등급은 추락한다. 버핏 같은 억만장자야 신용 점수가 700점이든 850점이든 아무런 상관이 없겠지만 일반인들에게는 치명적이기 때문에 무엇보다 연체부터 철저히 관리해야 한다.

우선순위 정하고
불리한 빚 숨아내기

어떤 빚부터 갚는 것이 유리할까?

자신의 부채 규모와 구조를 파악했다면, 이제 자신에게 불리한
빚이 무엇인지 체크하고 우선순위를 정해야 한다.

가장 먼저 갚아야 할 빚은 만기가 얼마 남지 않은 대출이다.
이후 만기 관리가 어느 정도 되었다면 그다음에는 가계 재정에
부담을 주는 대출을 처리해야 한다. 이 중에서 가장 서둘러 갚아
야 하는 빚은 바로 대부업체에서 빌린 돈이다. 대부업체 빚은 높
은 금리도 문제지만 신용등급에도 치명적인 악영향을 줄 수 있기
때문이다.

그다음은 카드론이나 저축은행대출, 신용대출 중에서 금리가 높은 대출부터 갚아나가야 한다. 고금리 대출은 하루 빨리 갚지 않으면 이자가 다시 새로운 빚을 부르는 악순환에 빠질 수 있기 때문에 최근 출시된 연 10%대 중금리 대출처럼 더 낮은 금리의 대출로 갈아타는 방안을 모색해야 한다.

이에 비해 주택담보대출, 그 중에서도 원리금을 함께 상환하는 저금리 장기 대출 상품은 조금 더 여유를 갖고 돈을 갚아나가도 된다. 하지만 이런 안정적인 대출을 받은 경우에도 원리금 상환으로 인해 가계의 현금 흐름이 악화되지 않도록 장기적인 안목으로 철저히 관리해나가야 한다.

대출 만기, 이렇게 대비하라!

가장 안전한 만기 관리 원칙은 원금을 모두 갚을 수 있는 기간까지 만기를 설정하는 것이다. 하지만 돈을 빌린 가계 중에서 만기까지 원금을 모두 상환하겠다는 생각으로 대출을 받은 경우는 매우 드물다.

만기까지 돈을 모두 갚을 수 없는 경우에는 만기 시 금융회사가 일부 상환이나 추가 담보를 요구해도 큰 문제가 되지 않도록 여유 있게 가계 자금을 운용하고, 만기 전에 추가로 대출 한도(Credit line)●를 확보해두는 것이 좋다.

● 미리 설정하여 둔 신용공여의 한도.

82

자신의 대출이 원금까지 함께 갚아나가는 원리금 동시 상환 방식일 경우, 매달 내는 원리금과 월평균 소득을 비교하면 바로 현금 흐름을 파악할 수 있기 때문에 대출 리스트만 만들어도 감당할 수 있는 빚인지 아닌지가 한눈에 드러난다.

하지만 일정한 거치 기간 이후 대출금을 갚아나가는 '거치식 대출'을 받은 경우에는 막연하게 자신의 부채 상환 능력을 과대평가하기가 쉽다. 특히 원금 상환 계획 없이 이자만 갚아나가는 경우에는 일시적인 신용경색만으로도 큰 낭패를 당할 수 있다.

그런데 우리나라는 2016년 현재 거치식 대출이 전체 대출의 3분의 2를 차지할 정도로 그 비중이 높다. 그 이유는 금융회사들이 항상 부동산 가격이 오르는 것만 목격해왔기 때문에, 고객의 채무 상환 능력과는 상관없이 부동산을 담보로 잡기만 하면 언제든 대출 원금을 받아낼 수 있을 것으로 착각해왔기 때문이다.

하지만 선진국에서는 일반 가계가 거치식으로 돈을 빌리는 경우가 거의 없을 뿐만 아니라, 금융회사들이 거치식으로는 돈을 잘 빌려주지도 않는다. 자본주의 역사가 오래된 선진국의 금융회사들은 자산 가격이 얼마나 쉽게 변할 수 있는지를 잘 알고 있기 때문이다.

지금처럼 거치식 대출을 남발하다가 일시적인 신용 위기라도 찾아오면, 돈을 빌린 쪽이나 빌려준 쪽 모두 큰 어려움에 처할 수밖에 없다. 이 같은 위험에 대비해 정부도 거치식 대출을 원리금 동시 상환 방식으로 바꿔나가려 하고 있지만, 거치식 대출 비중은 좀처럼 줄어들지 않고 있다.

이렇게 거치식 대출로 큰돈을 빌렸다면 당장 이자를 갚아나가고 있다고 해서 안심해서는 안 된다. 거치식 대출은 경제 상황이나 정책 기조의 변화에 너무나 취약하기 때문이다.

특히 거치식 대출로 소득을 창출하는 투자를 한 것이 아니라 단순히 자신이 거주할 부동산을 사는 것은 가장 나쁜 경우에 속한다. 이 경우에는 늦어도 50대 초반까지는 대출금을 전액 갚는 상환 계획을 세워야 한다. 수익도 창출하지 못하는 주거용 부동산을 사기 위해 큰돈을 빌리고, 그 빚을 50대 중·후반까지도 갚지 못한다면 안정적인 노후 계획을 짜는 것은 사실상 불가능하기 때문이다.

대부업체 대출은 저금리 대출로 전환

충분히 은행권을 이용할 수 있는 사람 중에도 당장 돈이 급한 상황에 몰려 2금융권이나 대부업체로 내몰린 경우가 적지 않다. 이런 상황을 피하려면 평소 자신이 은행 대출을 받을 수 있는 자격인지, 또 당장 대출받을 자격이 안 된다면 어떻게 해야 은행을 이용할 수 있는지 미리 알아보고 차근차근 준비해나가야 한다.

만약 은행 대출을 이용할 수 없는 경우라 해도 무작정 2금융권이나 대부업체를 찾아가기보다 정부나 지방자치단체가 운용하는 대출 등 정책성 대출을 받는 방법을 연구해보는 것이 좋다.

그런데 이런 지원 제도는 워낙 종류도 많고, 자격 요건이 복잡하기 때문에 대출을 받기 위해서는 많은 정보가 필요하다. 물론이 같은 대출을 받는 것은 '묻지도 따지지도 않는 대출'보다 귀찮고 힘든 일이지만, 조금만 발품을 팔면 금리 폭탄을 피할 수 있다.

스마트폰 하나를 사더라도 꼼꼼히 따져보고 온갖 정보를 찾아다니면서, 조금만 신경 쓰면 이자 부담을 대폭 낮출 수 있는 대출 상품에 대해서는 정보 수집을 잘 하지 않는 것은 참 안타까운 일이다. 더구나 이미 대출을 받았다고 하더라도 더 싼 금리로 갈아탈 수 있는 방법도 많다.

조금만 시간을 내어 더 유리한 조건의 대출을 찾아내면 대출 기간 전체에 걸쳐 이자 부담이 줄어들기 때문에 큰 이득을 볼 수 있다. 또한, 당장 유리한 대출을 찾아내지 못하더라도 장래에 대출을 받거나 대출 만기가 도래했을 때 더 유리한 방법을 찾아내는 데도 도움이 될 수 있다. 모든 대출은 자신이 노력해 얻은 정보와 금융회사와의 협상 결과에 따라 얼마든지 계약 조건을 바꿀 수 있다는 점을 명심해야 한다.

부채에도 다이어트가
필요하다

가계 빚에 구조조정을 선언하라!

1998년 5월, 외환 위기 직후 긴박한 분위기 속에서 이헌재 금융
감독위원장이 기자회견 중에 갑자기 뜻 모를 말을 꺼냈다. '부실
기업에 대한 워크아웃(Work-out)에 착수하겠다'고 발표했기 때문
이다. 기자회견장에 있던 필자뿐만 아니라 모든 기자들이 크게
술렁거렸다. 그 누구도 부실 기업을 '워크아웃'한다는 말을 들어
본 적이 없었기 때문이다.

　결국 그날 워크아웃에 대한 기사는 언론사마다 크게 엇갈렸
다. 한참을 지나서야 금융감독위원회는 워크아웃이란 '기업 구조

개선'을 의미한다고 설명했다. 하지만 워크아웃이라는 단어를 그런 뜻으로 쓰는 나라는 우리나라밖에 없다. 이헌재 금융감독 위원장이 워크아웃의 뜻을 착각했을 수도 있고, 아니면 일부러 새로운 용어를 내세워 일종의 '후광 효과(Halo Effect)'를 노렸을 수도 있다.

워크아웃은 원래 건강이나 몸매를 유지하기 위해 하는 운동을 말한다. 이 용어를 처음으로 기업 경영에 적용한 사람은 바로 제너럴 일렉트릭(GE)사의 최고경영자(CEO)였던 잭 웰치(Jack Welch)였다. 잭 웰치는 기업의 효율성을 저하시키는 복잡한 일(Work)을 업무에서 완전히 배제(Out)하여 회사의 업무 프로세스를 향상시킬 수 있는 아이디어를 찾아내는 것을 워크아웃이라고 불렀다.

1998년 이헌재 위원장의 발표 이후 우리나라에서는 워크아웃이라는 단어가 조금 다른 뜻으로 통용되기 시작했다. '이헌재의 워크아웃'은 회생 가능성이 있는 기업이 자금난에 처했을 때 핵심 자산이나 사업 부문을 정리해 눈앞의 파산 위기를 막고, 재도약의 기회를 만드는 것이라고 할 수 있다.

잭 웰치의 워크아웃이 '비효율적인 조직과 업무'를 개혁하는 것이 핵심이라면, 이헌재의 워크아웃은 선제적인 '자산 정리'에 초점이 맞추어져 있다. 즉, 때를 놓치면 손실이 걷잡을 수 없이 커지고 재기의 기회도 사라지기 때문에, 과감하게 '핵심 자산을 정리'하는 것이 중요한 포인트라고 할 수 있다.

가계의 경우도 마찬가지다. 만일 자신의 빚이 한계 상황을 넘었다는 판단이 내려지면, 과감하고 신속하게 빚을 정리해야 한다. 이를 위해서는 가계의 핵심 자산을 정리해 빚을 줄여 위기를 돌파하는 '이헌재의 워크아웃'과 가계 현금 흐름의 비효율성을 제거하는 '잭 웰치의 워크아웃'을 동시에 진행해야 한다. 투자한 돈이 아깝다는 생각에서 가계 자산의 구조조정을 차일피일 미루면 손실은 더욱 커지고, 정리할 기회조차 사라지게 된다.

고액 보험 상품은 과감히 정리하라

빚을 감당하기 벅찬 상황에 처했다면 어떤 자산부터 정리해야 할까? 당연한 이야기지만 보유하고 있는 장기 금융 상품이 있다면 이를 당장 해지하고 우선 빚부터 갚아야 한다.

그러나 필자가 직접 빚 문제를 취재하다가 만난 사람들 중에는 채무 위기에 몰려 빚에 쪼들리면서도 고액 보험 상품을 유지하는 사람들이 의외로 많았다. 보험을 해지하면 환급금이 너무 적어 손해가 크다고 생각하거나 갑작스러운 재정난에 대비하기 위한 보험이 꼭 필요하다고 생각하기 때문이다.

하지만 당장 돈에 쪼들리게 되면 결국 보험사에서 고리의 약관대출을 받게 되어 그나마 남아 있던 적립 보험금마저 갉아먹게 된다. 이렇게 보험을 무리하게 유지하면서 약관대출까지 받는 것은 정말 최악의 방법이다.

약관대출은 내가 낸 보험료를 담보로 하기에 100% 안전한데도 높은 금리를 물리는 이상한 대출이다. 약관대출로 계속 돈을 빌리면 결국 적립된 보험료가 모두 사라져 이른바 '깡통 보험'이 되고 만다. 이 때문에 초단기로 돈이 필요한 상황이 아니면 약관대출은 가급적 피해야 한다.

이 같은 장기 금융 상품을 붙들고 있는 것은 가계부채 위기 상황에서 예·적금을 유지하는 것이나 다름없는 불합리한 행동이다. 해지 환급금이 적은 것은 돈을 지불해서 되돌릴 수 없는 비용인 '매몰 비용(Sunk cost)'이다. 합리적인 선택을 하기 위해서는 매몰 비용은 잊고 새롭게 발생하는 비용과 편익만 비교해야 한다.

보장은 유지하면서 보험료 낮추는 법

위험에 대비하기 위해 보험을 유지하는 것도 역시 합리적인 판단이 아니다. 아직 발생하지도 않은 위험보다 이미 눈앞에 닥쳐온 채무 위기를 먼저 해결하는 것이 급선무이기 때문이다. 만일 고액 보험을 해지한다면 해지 환급금으로 채무를 조금이라도 줄일 수 있고, 당장 보험료 지출이 줄어 가계의 현금 흐름도 개선되는 효과가 있다.

만약 위험 보장이 없어진다는 생각에 불안하다면 보험료가 싼 상품으로 갈아타는 다운사이징(Downsizing)도 하나의 좋은 해결 방법이다. 예를 들어 만기 환급금이 있는 보험을 순수 보장형으로 갈아타면 같은 보장을 받으면서 보험료를 대폭 낮출 수 있다. 또 종신 보험을 정기 보험으로 바꾸면 한창 일할 나이에 비슷한 보장을 받으면서 보험료를 크게 줄일 수 있다.

하지만 이처럼 보험을 재조정할 때 가급적 해지하지 말아야 할 보험이 있다. 2000년 초반까지 가입한 보험은 그 뒤에 나온 어떤 보험보다 조건이 좋은 경우가 많다. 당시 외환 위기의 여파로 시중 금리가 워낙 높았기 때문에 고객을 빼앗기지 않으려던 보험사가 자신들에게 불리한 조건으로 가입자들을 불러 모았기 때문이다.

팔기 아까운 수익형 부동산이 있다면?

지출을 줄이고 각종 금융 자산을 정리해도 빚 문제가 해결되지 않는다면 바로 돈이 안 되는 수익형 부동산을 정리해야 한다. 특히 오피스텔이나 다세대 주택, 상가 등 수익형 부동산 투자는 고수익을 누릴 수 있는 만큼 매우 위험성이 큰 투자다. 더구나 빚에 의존해 수익형 부동산에 투자했다가 적자를 보게 되면 문제는 더욱 심각해진다.

이 경우 우선은 수익률을 개선하기 위해 최선을 다해 노력해야겠지만, 만일 어떤 노력에도 수익률이 개선되지 않는다면 빨리 자산을 정리해 남은 돈이라도 건져야 한다. 혹시나 하는 마음으로 정리를 미루다가 임대료 수입이 줄어 누적 적자가 커지고, 부동산 가치까지 더 떨어지면 손실은 걷잡을 수 없이 불어나게 될 것이다.

남은 건 집 한 채,
팔아도 될까?

상환 여건에 따라 같은 빚도 천차만별

큰돈을 빌려 집을 사거나 부동산에 투자했다가 자녀가 자라면서 교육비 지출이 늘어나고 뜻하지 않은 생활비 지출까지 커지면, 원리금 상환 부담이라도 줄이기 위해 집을 팔지 말지 고민하는 경우가 적지 않다.

게다가 우리나라에는 자신이 거주하는 부동산을 사느라 무리하게 빚을 지는 경우가 많다. 아무리 가계적자에 허덕여도 애써 마련한 부동산을 팔기는 쉽지 않을 것이다. 집을 파는 문제는 자신이 처한 상황에 따라 방법이 다르기 때문에 소득과 자산을 면밀하게 검토하고 신중하게 결정해야 한다.

같은 금액의 빚을 진 경우라도 소득이 얼마인지, 또 앞으로 얼마 동안 그 소득을 유지할 수 있는지에 따라 가계의 재정 상황이 크게 달라진다. 예를 들어 똑같이 6억 원짜리 아파트를 사면서 2억 원의 빚을 진 A 씨와 B 씨가 있다고 가정해보자. A 씨의 나이는 30세로, 월평균 600만 원을 받으며 60세까지 일을 할 수 있다.

이 경우 A 씨가 연리 3%로 20년 동안 원리금을 균등하게 상환하는 장기 대출을 받았다면, A 씨는 한 달에 110만 원을 갚아나가야 한다. 이는 A 씨 평균 소득의 18% 정도로 충분히 감당할 만한 수준이다. 더구나 빚을 완전히 다 갚은 다음에도 10년 동안은 온전히 노후 준비에 매진할 수 있는 만큼 빚이 무리한 수준이라고 보기는 어렵다.

▶ 2억 원 대출을 받은 경우 ◀

	A 씨	B 씨
나이	30세	45세
대출금	2억 원	2억 원
월 상환액	110만 원	110만 원
월 소득	600만 원	400만 원
소득 대비 원리금 상환액	18%	27.5%

(연리 3%/20년 상환)

하지만 A 씨와 똑같은 조건으로 대출을 받았다고 해도 나이가 45세이고, 월평균 소득이 400만 원인 B씨의 경우라면 이야기가 완전히 달라진다. A 씨와 똑같이 한 달에 110만 원을 20년 동안 상환한다고 해도 B 씨는 자기 소득의 27.5%를 매달 갚아나가야 하기 때문에 당장 큰 부담이 될 수밖에 없다.

더구나 A씨와 똑같이 60세에 은퇴를 한다면 은퇴 이후에도 5년이나 더 빚을 갚아야 하기 때문에 노후 준비도 하지 못한 채 부채 상환에 허덕이게 될 것이다. 결국 같은 빚이라도 A 씨에게는 큰 문제가 아니지만, B 씨는 과도한 빚을 진 셈이 된다.

내 집 팔고 전·월세로 살아도 괜찮을까?

B 씨가 조금이라도 더 나은 노후를 보낼 방법은 없을까? 첫 번째 방법은 B 씨가 집을 팔고 무주택자로 남아 주거비 부담을 줄이는 것이다. 단순히 우리나라의 인구 구조와 주택 수급 여건만 보면 '한시적인 무주택 전략'도 나쁘지 않은 선택이다. 하지만 이 같은 무주택 전략의 최대 위협 요인은 바로 대한민국 정부다.

2008년 이후 집값이 하락하려고 할 때마다 우리 정부는 무려 쉰 차례가 넘는 크고 작은 부동산 부양책을 마치 융단 폭격처럼 쏟아부어 부동산 가격을 끌어올렸다. 부동산 가격이 치솟아오르면 시장에 맡겨야 한다며 손을 놓고 있다가 집값이 하락하면 어김없이 시장에 개입해 부동산 시장을 떠받쳐왔다. 이 같은 '정부 리스크' 때문에 우리 부동산 시장은 시장 원리가 아닌 정책 변수로 크게 요동치는 현상을 반복적으로 겪어야 했다.

현재 순수하게 부동산 시장의 수급 측면만 보았을 때, 2018년 이후 부동산 값 하락 압력이 매우 거세질 것이다. 하지만 하락 압력이 커지면 커질수록 정부가 더욱 강력한 부동산 부양책을 쏟아낼 가능성이 있기 때문에 부동산 값의 변동폭이 확대되어 주거 불안정성이 더욱 커질 것이다.

더구나 집을 팔고 무주택자가 되었을 때, 전세가 모두 사라지고 월세로 전환되면 주거비 부담이 크게 늘어날 수 있다. 아파트 월세를 얻는다면 대체로 집값의 3~4%에 해당하는 돈을 해마다 월세로 내야 한다. 그런데 집을 사지 않고 이 돈을 만일 은행에 예금한다면 세후 이자율은 연 1.3% 정도밖에 되지 않는다. 이 때문에 집을 팔고 월세로 살면 재산세 등 각종 주택 보유 비용을 고려해도 해마다 집값의 1~2%를 더 지출하게 된다.

집의 규모를 줄여라! 부동산 다운사이징

무주택 전략이 부담스럽다면, 보유한 집의 규모를 줄이는 '다운사이징'도 생각해볼 수 있다. 예를 들어 B 씨가 지금 보유한 6억 원짜리 집을 팔고, 충분히 감당할 수 있는 4억 원 이하의 집으로 옮기는 것이다. 물론 집값을 낮추려면 자녀의 학군을 희생하거나, 아니면 조금 더 낡고 작은 아파트로 옮기는 불편을 감수해야 한다.

B 씨가 굳이 자신의 능력보다 비싼 집을 산 이유는 '싼 집'보다 '비싼 집'의 값이 더 빨리 오를 것이라는 기대나 자녀의 학군, 또는 다른 사람의 시선 때문일 것이다. 하지만 가계 빚 때문에 소비를 마음 놓고 할 수 없고, 노후까지 위협받는 상황에 내몰릴 경우 다운사이징보다 좋은 방법은 없다.

특히 집값 상승에 뒤처질까 두려워하며 가계 재정을 위협할 만큼 고가의 아파트를 무리하게 유지할 필요는 없다. 앞으로 5부에서 자세히 설명하겠지만, 집값에는 '라이프 사이클(Life Cycle)'이 있기 때문에 집을 잘 고른다면 투자 비용을 줄이면서 상대적으로 더 빨리 오르는 집을 얼마든지 찾을 수 있다.

또한 집을 다운사이징해두면 일본식 장기 불황이나 일시적인 신용경색이 온다고 해도 큰 어려움 없이 대처할 수 있다. 우리는 항상 이번엔 과거와 달리 위기를 피할 수 있을 것이라고 생각하지만, 최근 세계 경제는 10년을 주기로 반복적인 위기를 겪고 있다. 이런 상황에서 위험을 적절히 분산해두는 것은 더 이상 선택의 문제가 아니라 필수가 됐다.

또 하나의 대안, 주택연금 가입

내 집이 가계재정에 부담이 되지 않도록 미리 대비할 수 있는 또다른 방법은 주택연금에 가입하는 것이다. 주택연금이란, 60세 이상의 주택 소유자가 주택을 담보로 연금을 지급받을 수 있는 상품으로 역모기지론(Reverse Mortgage Loan)이라고도 불린다.

사실 지금의 주택연금은 거시경제를 연구하는 필자의 시각에서 매우 잘못된 상품이다. 모든 위험은 공기업인 주택금융공사가 떠안는데, 금리마저 너무 낮아서 자칫 집값이 지속적으로 오르지 않는다면 장래에 심각한 부실 사태를 불러올 수 있기 때문이다.

하지만 바꿔 말하면, 가입자 입장에서는 그만큼 유리한 상품이라고 말할 수 있다. 주택연금은 자신의 집에서 계속 살면서 연금을 받을 수 있는데다 집값이 연금으로 받은 금액보다 떨어지더라도 나중에 집만 넘기면 된다. 반대로 집값이 크게 오르면 연금으로 받은 돈과 소정의 이자를 제하고 남은 집값을 모두 돌려받을 수 있다.

가입자는 주택 가격 하락에 따른 위험을 모두 주택금융공사에 넘기고, 주택 가격 상승에 따른 이득은 고스란히 챙길 수 있다. 그러면서도 자신의 집에 살면서 연금을 받을 수 있는 상품이기 때문에 가입자에게 일방적으로 유리하다고 할 수 있다.

민간 금융회사에서 주택연금과 비슷한 상품조차 만들지 못하는 이유는 바로 이 같은 비대칭적인 구조 때문이다. 대신 해마다 시장 금리가 하락하고 평균 수명이 늘어나면서 가입 조건이 악화되고 있기 때문에 만일 주택연금에 가입할 생각이라면 가입을 서두르는 것이 좋다.

현재 우리나라는 가계 자산의 부동산 쏠림 현상이 너무나 심각한 상황이다. 우리나라 60대 이상 가구의 부동산 자산 비중이 순자산의 무려 90%를 차지하고 있다. 이 같은 자산의 쏠림 현상은 집값이 지속적으로 오를 때는 문제가 없지만 부동산 가격이 하락하면 치명적인 결과를 가져온다.

특히 은퇴를 한 이후에는 근로 소득이 급격히 줄어들기 때문에 피땀 흘려 마련한 내 집이 노후에 부담이 되지 않도록 주택 매각이나 다운사이징, 주택연금 중에서 자신에게 맞는 방법을 찾아 미리 대비해두는 것이 좋다.

그래도 각종 금융 자산이나 부동산의 정리만으로 부채 위기를 돌파할 수 있다면 비교적 덜 고통스럽게 빚 문제를 해결할 수 있는 괜찮은 경우에 속한다. 만일 이런 갖가지 구조조정에도 부채 문제가 해결되지 않는다면 더욱 고통스러운 결단을 내려야 할 것이다. 하지만 아무리 어려운 상황이라도 언제나 극적인 반전은 가능하기에 희망의 끈을 놓지 말아야 한다.

STEP 5

신용회복과 개인회생의
모든 것

어떤 상황에서도 포기해서는 안 된다

밀튼 허쉬(Milton S. Hershey)는 1857년 미국 동부의 작은 마을에서 태어났다. 그는 어렸을 때부터 작은 사탕 가게에서 일하며 사탕 만드는 법을 배웠다. 그리고 이 기술을 기반으로 돈을 빌려 사탕 가게를 열었다. 그는 미국 동부를 옮겨 다니며 정말 억척같이 일했지만 늘 적자였다. 결국 허쉬는 스물아홉 살의 젊은 나이에 파산해 채권자들을 피해 도망 다니는 처지가 됐다.

비록 그의 사탕 가게는 처참하게 실패했지만, 그는 한 가지 중요한 사실을 알게 됐다. 사탕에 우유를 섞으면 훨씬 부드러워지고 맛도 좋아진다는 사실이었다. 그는 도피 생활을 하다가 고향으로 돌아와 사탕에 우유를 섞어 부드럽고 달콤한 '허쉬 캐러멜(Hershey's Caramels)'을 만들고 극적인 재기의 발판을 마련했다.

1893년에는 콜롬비아 엑스포에 갔다가 유럽산 초콜릿 제조기계를 보게 됐다. 그는 이 운명적인 만남 이후 초콜릿 개발에 모든 열정을 쏟아부어 연구에 연구를 거듭한 끝에 지금의 허쉬 초콜릿을 만들었다. 그는 파산이라는 아픔을 딛고 세계적인 회사인 '허쉬사(The Hershey Company)'를 일구어냈다.

멀티미디어 왕국을 만든 월트 디즈니(Walt Disney), 굴지의 자동차 회사인 포드사를 만든 헨리 포드(Henry Ford)도 젊었을 때 파산을 경험했지만 이를 극복하고 재기에 성공한 사람들이다. 만일 당신이 도저히 갚을 수 없는 빚 때문에 고통받고 있다고 해도 결코 좌절해서는 안 된다. 당신에게 빚과 싸우겠다는 의지만 있다면 그 어떤 최악의 순간에도 반전이 가능하기 때문이다.

채무 전문가를 찾아갈 때 유의점

아무리 애를 써도 희망조차 보이지 않는 상황에 내몰리면 대부분 사람들은 심리적으로 극심한 공황 상태에 빠진다. 빚을 지고 파산 위기에 내몰린 사람들 중에는 자괴감과 두려움 때문에 합리적인 선택을 할 기회를 잃어버리고, 더욱 최악의 상황에 빠지는 경우가 많다. 특히 우리나라에서는 채무자의 도덕적 해이만 따질 뿐 채권자의 도덕적 해이에는 관대하기 때문에 빚을 진 사람들의 정신적 고통이 그 어떤 나라보다 심할 수밖에 없다.

하지만 아무리 파산 위기에 내몰렸더라도 당신의 권리를 지키기 위해 채권자와 최대한 당당하게 협상해야 한다. 만일 협상이 잘못되면 당신이 재기할 기회마저 사라지기 때문이다. 미국의 도널드 트럼프(Donald Trump)는 무려 네 번이나 파산한 상습 파산자였지만, 그 특유의 뻔뻔함과 자신감으로 매번 재기에 성공했다.

빚 때문에 절박한 상황에 처하면 합리적 판단을 하기가 쉽지 않으므로, 이 경우 혼자 해결하려 하지 말고 믿을 만한 채무 관련 전문가를 찾아가는 것이 좋다. 이때 주의할 것은 채무 위기에 몰렸을 때 만나게 되는 상당수 채무 관련 전문가들이 금융회사나 산하 기관 소속이기 때문에 한 명의 전문가를 전적으로 신뢰해서는 안 된다는 점이다.

연체가 반복된다면? 신용회복위원회 활용법

빚을 갚지 못해 연체가 계속될 경우 가장 먼저 찾아가게 되는 곳중의 하나가 바로 '신용회복위원회'다. 신용회복위원회는 이름에 '위원회'가 붙어 있어 금융위원회처럼 정부 기구로 착각하기 쉽다. 하지만 신용회복위원회는 은행 등이 출자해 만든 사적 기구에 불과하므로 '채권자 중심'의 채무 조정 기구라는 한계가 있다. 정부가 2016년 안에 이를 법정 기구로 만드는 방안을 추진하고 있지만 금융사 간 협약 기구라는 태생적 한계는 바뀌지 않을 것이다.

신용회복위원회는 금융사들의 이해관계로부터 자유롭지 않기 때문에, 부도 위기에 몰린 채무자가 회생할 수 있도록 돕는 것보다 금융회사의 채권 회수를 더 우선시하고 있다는 비판을 받고 있다. 특히 채권 회수에만 역점을 두는 탓에 채무자가 감당하기 어려운 가혹한 채무 상환 조건을 내세우는 경우도 적지 않다.

게다가 신용회복위원회를 통해 채무 상환을 하다가 직장이나 건강을 잃는 등의 돌발 사태가 생겨 빚을 갚지 못하게 되면 중도에 탈락하게 된다. 이런 경우에는 신용 회복 절차를 시작하기 전인 원점으로 돌아가기 때문에 시간만 허비한 셈이 된다. 이 같은 상황을 막으려면 처음 신용 회복 절차를 밟을 때, 그들이 내세우는 조건을 자신이 충족할 수 있는지 면밀히 따져봐야 한다.

우리나라에도 금융회사로부터 완전히 독립된 기구가 있으면 좋겠지만, 안타깝게도 그렇지 못한 상황이어서 신용회복위원회만 한 곳도 많지 않다. 이 때문에 신용회복위원회의 도움을 받기로 결정했다면, 과연 자신이 감당할 만한 조건인지 꼼꼼히 따져보고 더 나은 조건을 찾기 위해 협상을 시도해보는 것이 좋다.

신용회복제도란? 프리워크아웃 vs 개인워크아웃

신용회복위원회에는 '프리워크아웃'과 '개인워크아웃'이라는 신용회복제도가 있다. 이 둘의 가장 큰 차이점은 연체 기간에 따라 신청자격이 다르다는 점이다. 신용카드 대금이나 대출 원리금의 연체 기간이 30일 초과 90일 미만인 경우 프리워크아웃을 신청할 수 있고, 90일 초과면 개인워크아웃을 신청할 수 있다.

프리워크아웃 대상이 되면 금리를 절반(최소 연 5%)까지 낮출 수 있고 무담보 채무의 경우 상환기간을 최장 10년까지, 또 담보 채무는 20년까지 연장할 수 있다. 특히 신용회복지원 사실이 기록되지 않는다는 장점이 있다. 하지만 대출 원금을 감면받을 수 없고, 오랫동안 원금과 이자를 함께 갚아나가야 하기 때문에 채무 위기에 몰린 사람들에게는 과중한 부담이 될 수 있다.

개인워크아웃은 이자와 연체 이자가 전액 감면될 뿐만 아니라 대출 원금도 최대 30~60%까지 감면된다. 특히 사회소외계층의 경우에는 원금을 최대 90%까지 감면해주기 때문에 채무 상환 부담이 크게 줄어든다. 물론 개인워크아웃이 시작되면 신용회복지원 중이라고 등록되지만, 2년 이상 정상적으로 상환하면 기록이 삭제된다.

프리워크아웃과 개인워크아웃 중에 어느 것이 적합할지는 개개인의 사정에 따라 다르기 때문에 획일적인 기준을 제시할 수는 없다. 다만 채무 위기에 몰려 원금조차 갚을 수 없는 절박한 상황에 내몰렸다면 무리하게 프리워크아웃을 고집하면서 시간을 허비하는 것보다 처음부터 개인워크아웃을 신청하는 게 더 유리할 것이다.

최후의 보루, 개인회생 vs 개인파산

신용회복위원회의 구제 절차로도 도저히 빚을 갚을 수 없는 상황이라고 판단되면 '개인회생'이나 '개인파산' 제도를 활용하는 것이 좋다. 빚에서 탈출하는 시기가 빠를수록 재기할 확률이 높아지는데, 지금의 신용회복위원회 구제 절차로는 빚의 굴레에서 벗어나는 데 오랜 시간이 소요되기 때문이다.

개인회생이나 개인파산 제도는 엄격한 요건을 충족해야 한다. 우선 개인회생은 총 채무액이 무담보 채무의 경우 5억 원, 담보부 채무의 경우에는 10억 원 이하여야 하고, 앞으로 계속해서 수입을 얻을 가능성이 있어야 한다. 하지만 이런 조건들이 충족될 경우, 생활비를 제외한 일정 금액을 3~5년 동안만 갚아나가면 나머지 빚은 모두 면제받기 때문에 도저히 빚을 갚을 수 없는 절박한 상황에서는 매우 유용한 방법이다.

또한, 개인파산은 도저히 빚을 갚을 희망조차 없는 최악의 상황에서 모든 빚을 한꺼번에 정리할 기회를 주는 제도다. 파산 면책을 받으면 비록 대출이나 신용카드 사용에 제약이 있지만 신용 유의자 기록이 삭제되어 경제 활동을 재개할 수 있다. 하지만 파산 면책을 받으려면 남은 재산보다 빚이 더 많아야 하고, 소득이 매우 적거나 아예 없어야 하는 등 까다로운 신청 자격을 충족해야 한다.

이런 개인회생이나 파산 면책을 받으려면 법률적인 지식이 있거나 전문가의 도움을 받아야 한다. 그런데 궁지에 몰린 채무자들의 절박한 상황과 법에 대한 무지를 악용하는 불법 브로커들이 적지 않기 때문에, 서울금융복지 상담센터처럼 지방자치단체가 운영하는 금융 상담 기구의 도움을 받거나, 대한법률구조공단의 개인회생 파산·면책 관련 홈페이지(http://resu.klac.or.kr)나 개인회생·파산법률 상담 전화(국번 없이 132)를 이용하는 것이 좋다.

빚 관리의 핵심은 때를 놓치지 않는 데 있다. 만일 부채 조정이 늦어지면 호미로 막을 일을 가래로 막아야 하는 상황에 내몰리게 된다. 또 부채를 늘려 일시적으로 위기를 모면하려 하다가는 부채만 더 키울 수 있다. 허쉬나 포드, 그리고 디즈니처럼 용기를 잃지 않고 당당하게 대처해나간다면 얼마든지 재기에 성공할 수 있다. 파산 위기에 내몰렸더라도 그것이 결코 인생의 끝은 아니다.

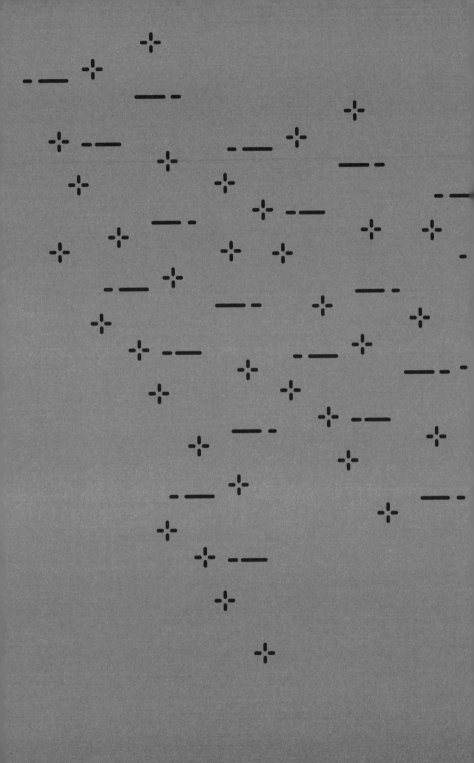

PART

03

똑똑하게
대출받는 법

나에게 필요한 대출,
어떻게 찾을까?

대출받기 전에 상환 계획이 먼저!

대출 관련 취재를 하다 보면 안타까운 사연이 한둘이 아니다. 정부가 정책적으로 지원하는 저금리 서민금융상품을 이용할 수 있는 자격이 있는데도 제대로 알아보지도 않고 대부업체부터 찾아갔다가 고금리 대출에서 헤어나지 못해 오랫동안 고통받는 사람들이 많다.

특히 30일 무이자 대출이나 소액 대출 서비스에 넘어가 대부업체를 이용했다가 대출을 받은 기록 하나 때문에 신용등급이 급격히 추락해 1금융권의 낮은 금리를 이용할 수 있는 기회를 놓치는 경우도 적지 않다.

워낙 대출 상품이 다양하기 때문에 자신에게 주어진 상황에 맞는 최적의 상품을 찾으면 이자를 크게 절감할 수 있다. 대출만큼 개인에게 특화된 금융 상품은 드물기 때문이다. 더구나 정부나 각종 사회단체가 서민들을 위한 다양한 대출 상품을 내놓고 있기 때문에 신용도가 낮거나 소득이 적다고 미리 포기할 이유가 전혀 없다.

대출을 받기 전에 가장 먼저 할 일은 구체적인 상환 계획을 세우고 자신의 소득으로 일정 기간 안에 원금과 이자를 모두 상환할 수 있을지 철저히 따져보는 것이다. 특히 변동금리로 빌린 경우에는 대출 금리가 2~3%p 올라도 상환 계획에 문제가 없는지 확인해야 한다.

또 생활비나 결혼 비용 등 소비를 충당하기 위해 돈을 빌리는 경우에는 자금을 회수할 수 없기 때문에 상환 계획이 더욱 중요하다.

그렇다면 자신에게 더 유리한 상품을 어떻게 찾아낼 수 있을까? 3부에서는 조금이라도 더 나은 조건으로 대출을 받는 방법은 물론 시시각각으로 바뀌는 대출 정책과 금융 환경 속에서 정보를 수집하는 방법을 소개할 것이다. 또 금융회사와의 협상에서 자신에게 더 유리한 상황을 이끌어내는 전략을 제시하고자한다.

신용대출 vs 담보대출 vs 약관대출

대출은 크게 신용대출과 담보대출로 나눌 수 있다. 이 중에서 신용대출은 고객의 신용에 따른 대출이기 때문에 고객의 직업이나 신용도, 거래 이력 등을 고려해 대출 금액과 금리가 결정된다.

신용대출은 대출 절차가 간단하고 빠르다는 장점이 있지만, 대출 이자가 비싸고 상환 기간이 짧은 경우가 많다. 이에 비해 담보대출은 돈을 빌려주는 금융회사가 대출금을 돌려받지 못했을 때를 대비해 부동산이나 자동차 등 경제적 가치가 있는 자산을 담보로 잡아두는 대출이다. 담보대출은 안전판이 되는 담보가 있기 때문에 신용대출보다 상환 기간이 긴 경우가 많고, 금리가 낮은 것이 일반적이다.

보험 약관대출도 자신이 낸 보험료를 담보로 대출을 받기 때문에 담보대출에 속한다. 대출 절차가 간편해서 많은 사람들이 이용하고 있지만, 내가 낸 보험료의 해약환급금을 담보로 하고 있는데도 불구하고 주택담보대출에 비해 금리가 높기 때문에 주의해야 한다.

신용대출과 담보대출 중에 무엇이 유리한지는 개인의 상황에 따라 다르다. 대출 기간이 짧고 신속한 대출이 필요한 경우에는 신용대출이 유리할 수 있다. 하지만 담보로 제공할 자산이 충분한 상황에서 신용대출을 지속적·반복적으로 받고 있다면, 장기적으로 필요한 자금 수요를 정확하게 파악하고 일정 부분 담보대출로 전환하는 것이 이자 비용을 줄이고 위험을 분산하는 길이 될 것이다.

고정금리 vs 변동금리, 어떤 금리를 골라야 할까?

막상 대출을 받으려면 금리가 변하지 않는 고정금리 상품과 시장 상황에 따라 금리가 변하는 변동금리 상품 사이에서 크게 갈등하게 된다. 하지만 안타깝게도 고정금리와 변동금리 중에 무엇이 더 나은 선택인지에 대한 보편적인 정답은 없다. 그 이유는 시장 환경과 각자의 재무 상황에 따라 유리한 금리 방식이 완전히 다르기 때문이다.

2016년 9월을 기준으로 한국 기준금리는 연 1.25%로 미국과의 금리 차를 고려할 때 더 이상 낮출 수 있는 여지는 최대 0.25~0.5%p 정도다. 게다가 미국 연방준비제도이사회가 한두 차례만 금리를 인상해도 한국은행이 더 이상 금리를 낮추기가 어렵기 때문에 현재 우리 금리는 바닥에 근접해 있다고 할 수 있다.

더구나 지금 세계 각국이 거의 한계까지 금리를 낮추고 양적 완화를 한 상황이기 때문에 어느 정도 시간이 흐르면 다시 금리 상승 압력이 높아질 가능성이 있다. 또한 한없이 부풀어 오른 우리나라의 가계부채가 이제 위험 수준에 가까워지고 있는 만큼 혹시 찾아올지 모를 신용경색에 대비하려면 고정금리로 대출을 받는 편이 낫다고 할 수 있다.

하지만 당장은 고정금리에 비해 변동금리 대출의 금리가 낮기 때문에 비용 측면에서만 본다면 변동금리 상품이 훨씬 유리하다. 더구나 경기 회복이 늦어지면 금리 인상 시기가 다소 지연될 수도 있다.

이 때문에 금리가 오를 경우 즉시 상환을 할 수 있는 자금 동원 능력이 있거나 대출 기간이 길지 않은 편이라면 변동금리를 택하는 것이 유리할 수 있다.

또 최근에는 3~5년 정도 고정금리가 유지되다가 그 이후에는 변동금리가 적용되는 혼합형 금리 상품도 등장했다. 이 같은 상품은 위험을 분산하는 고정금리대출의 장점을 충분히 누리기 어렵고, 지금의 금융 상황으로 볼 때 은행만 유리할 뿐 고객들에게는 큰 도움이 되지 않을 가능성이 크기 때문에 선택하지 않는 것이 좋다.

나에게 맞는 상환 방식 찾기

대출을 상환하는 방식에도 여러가지가 있다. 옆의 표를 참고하여 자신의 재정 상황에 맞는 방식을 선택하는 것이 좋다.

▶ 상환 방식의 종류 ◀

만기일시상환

매달 이자만 내다가, 만기일에 대출금 전액을 한꺼번에 갚는 방식.

- 장점 : 만기 전까지 상환 금액이 적다.
- 단점 : 이자부담이 가장 크다. 만기에 목돈을 전부 갚아야 하므로 위험이 크다.

거치식 상환

거치 기간 동안 매달 이자만 내다가, 거치 기간이 끝나면 원금과 이자를 원리금균등상환이나 원금균등상환 등 여러 가지 방법으로 갚는 방식.

- 장점 : 거치 기간 동안 상환 금액이 적다.
- 단점 : 거치 기간 동안 원금이 줄어들지 않아 위험이 크다.

원금균등분할상환

매달 내는 원금은 일정하되, 초기에 이자를 많이 내고 점점 이자를 적게 내는 방식.

- 장점 : 이자 부담이 가장 작다.
- 단점 : 원금은 같지만 매달 이자가 달라지므로 납부할 총 금액이 매번 변동된다. 해당 금융기관을 통해 매달 납부할 금액을 확인해야 하므로 번거롭다.

원리금균등분할상환

매달 원금+이자를 균등하게 분할하여 내는 방식.

- 장점 : 매달 일정한 금액을 내기 때문에 계획적인 납부 가능.
- 단점 : 초기 상환 부담이 크다.

한도대출(마이너스 통장 등)

개인의 신용에 따라 일정규모의 한도를 정해 놓고 그 한도 내에서 소비자가 필요할 때마다 대출을 받아쓰는 방식.

- 장점 : 필요한 만큼만 수시로 빌려 쓸 수 있어서 편리하다.
- 단점 : 대출로 인식하지 못해 습관적으로 돈을 빌리기 쉽다. 만기 연장이 안 될 경우 만기일에 원리금을 일시에 상환해야 한다.

정부 지원 저금리 대출은 반드시 확인!

우리나라에는 생애 최초 주택 구입자, 무주택자, 서민, 신혼부부, 다자녀 가구, 고령자 등을 위한 다양한 정부 지원 대출이 있다. 하지만 유사한 대출 상품이 워낙 많고, 자격 요건이 복잡하기 때문에 정부가 지원하는 저금리 대출을 받을 수 있는데도 불구하고 이를 잘 몰라 혜택을 놓치는 경우가 많다.

자신에게 적합한 정책성 저금리 대출 상품을 찾아보려면 공기업인 한국자산관리공사(KAMCO)에서 운영하는 '서민금융나들목(www.hopenet.or.kr)' 사이트를 활용하자. 정부의 서민금융 지원 제도를 쉽게 검색해볼 수 있다.

또 전국 열다섯 개 광역자치단체에 마련된 서민금융 종합지원센터를 직접 찾아가거나 다모아 콜센터(1397)를 통해 전화 상담을 받아보는 것도 좋다. 이미 대부업체 등에서 고금리 대출을 받은 경우라도 상담을 통해 저금리 대출 상품으로 갈아타는 방법을 찾아낼 수도 있을 것이다.

특히 내 집 마련을 위한 자금이나 전세 자금을 대출 받기 전에 한국주택금융공사 사이트(www.hf.go.kr)나 주택도시기금(옛 국민주택기금) 사이트(nhuf.molit.go.kr)에서 정부의 정책적 지원을 받는 내 집 마련 대출을 찾아보는 것도 좋은 방법이다. 시중 은행의 일반 주택담보대출보다 유리한 경우가 많기 때문이다.

은행 대출, 야무지게 하는 법

대출을 받으려 할 때는 정부 지원 대출 외에 반드시 시중 은행 대출 상품도 살펴보자. 우대 고객이거나 급여 통장이 있는 경우, 또는 일정 거래 실적을 충족할 경우에는 정부 지원 대출보다 대출 금리가 낮을 수 있고, 대출 한도는 은행이 더 유리할 수도 있다.

은행에서 주택담보대출을 받을 경우 단골 고객 우대 제도나 은행 직원과의 협상 등에 따라 대출 금리를 깎을 수 있다. 또한 같은 은행이라도 지점별, 담당자별로 우대 금리가 다를 수 있기 때문에, 되도록 많이 알아보고 비교할수록 유리한 조건을 찾을 수 있다.

그렇다고 해서 자신의 주거래 은행만 맹신하는 것은 좋지 않다. 창구 직원이나 지점의 영업 방침에 따라서는 잡아놓은 물고기인 단골 고객에게 오히려 더 불리한 대출 조건을 제시하는 경우도 있기 때문이다. 이를 피하기 위해서는 주거래 은행과 상담한 뒤 다른 은행을 적어도 한 곳 이상 방문해보는 것이 좋다.

이 밖에 공익 재단이나 기금, 또는 자신이 가입한 각종 조합이나 직장에서 복지 차원에서 제공하는 대출이 있다면 이를 확인해보는 것이 좋다. 특히 이들이 제공하는 대출 조건이 시중 은행 대출보다 좋을 경우에는 잘 홍보를 하지 않는 경향이 있기 때문에 직접 발품을 팔아 정보를 수집해야 한다.

제2금융권 대출 시 주의점

정책 금융이나 은행 등에서 대출을 받을 수 있다면 좋겠지만, 사정이 여의치 않는다면 2금융권으로 눈을 돌릴 수밖에 없을 것이다. 그러나 2금융권이라고 아무 곳이나 먼저 찾아가는 것보다는 가급적 신협이나 새마을금고를 방문하고, 그다음 카드사나 캐피탈사, 저축은행을 알아보는 것이 좋다.

은행보다 2금융권에서 대출받는 것이 쉽고 편리하다고 해서 2금융권부터 찾아가는 것은 좋지 않다. 2금융권은 금리가 은행보다 훨씬 높을 뿐만 아니라 같은 돈을 빌려도 신용등급을 올리는 데 훨씬 불리하기 때문에 장기적으로도 좋지 않다. 이 때문에 첫 대출을 2금융권에서 시작하면 나중에 은행으로 돌아가기가 매우 어렵다는 점을 명심해야 한다.

더욱 주의해야 할 것은 바로 대부업체다. 대부업체는 2금융권에도 해당되지 않기 때문에 대체로 대출 조건도 훨씬 더 나쁜데다가 대출 기록이 남아 신용등급이 하락하면 이를 회복하는 데 오랜 시간이 걸릴 수 있다. 이 때문에 정말 최악의 순간까지 내몰린 상황이 아니라면 가급적 대부업체는 피해야 한다.

모르면 손해!
정부 지원 대출 상품

집 살 때 대출이 필요하다면?

내 집 마련을 위해 돈을 빌리려 한다면 은행 주택담보대출을 신청하기 전에 먼저 주택도시기금이 제공하는 '내 집 마련 디딤돌 대출(이하 디딤돌대출)'이나 '보금자리론'을 신청할 자격이 되는지 확인해보는 것이 좋다. 소득이 적을수록 낮은 금리가 적용되고, 다자녀 가구나 신혼 가구, 장애인 가구, 생애 최초 주택 구입 등의 요건을 충족하면 추가로 금리를 낮출 수 있다.

상환 기간은 최저 10년에서 30년까지 희망에 따라 선택할 수 있다. 신청 자격은 배우자와의 합산 총소득이 한 해 6000만 원을

넘지 않아야 한다. 단, 생애 최초 주택 구입자라면 연소득 7000
만 원까지도 신청이 가능하다.

'디딤돌대출' 신청 자격이 안 된다고 실망할 필요는 없다. 신청
대상이 훨씬 넓은 '보금자리론'으로 대출을 받을 수 있기 때문이
다. 특히 인터넷으로 전자 약정을 하는 '아낌 e - 보금자리론'은
2016년 9월 기준 금리가 2.4~2.65%에 불과하다. 또 주택연금
가입을 사전 예약하면 대출 금리를 최고 0.3%p 더 낮출 수 있다.

이처럼 주택도시기금의 대출 조건이 시중 은행보다 더 좋은
경우가 있기 때문에 우선 이 같은 대출 상품의 신청 자격이 되는
지 먼저 확인하고 시중 은행의 주택담보대출과 비교해보는 것이
이자를 한 푼이라도 더 아끼는 길이 될 것이다.

▶ **주택도시기금 대출 상품 비교** ◀

	내 집 마련 디딤돌대출	아낌e – 보금자리론
대상	주택매매계약을 체결한 무주택자 (부부합산 연소득 6000만 원 이하)	무주택자 또는 1주택자 (단, 9억 원 초과 고가 주택은 제외)
금리	연 2.1~2.9%, 만기까지 고정 또는 5년 단위 변동, 소득이 낮을수록 유리	연 2.4~2.65%, 만기까지 고정금리
한도	최대 2억 원	최대 5억 원
기간	10년, 15년, 20년, 30년	10년, 15년, 20년, 30년

2016년 9월 기준

전·월세 자금, 이자 아끼는 법

전세나 월세 자금을 대출받을 때도 가장 먼저 주택도시기금 사이트를 방문해보는 것이 좋다. 이 중에서 주거안정 월세대출은 대출 한도가 매월 최대 30만 원씩 총 720만 원밖에 되지 않지만, 대신 취업준비생이나 사회 초년생에게는 연 1.5%라는 낮은 대출 금리를 적용하고 있기 때문에 청년들이라면 관심을 가질 필요가 있다.

또 2016년 9월 기준으로 연 2.3~2.9%의 금리로 대출을 받을 수 있는 '버팀목 전세자금대출'은 소득 수준과 전세보증금 총액이 낮을수록 낮은 금리를 적용하기 때문에 서민들에게 유리하다. 또한 다자녀, 신혼, 다문화, 노인 부양 가구 등에 우대 금리를 적용하고 있어 요건만 충족되면 더욱 금리를 낮출 수 있다.

하지만 '버팀목 전세자금대출'은 대출 한도가 8000만 원(수도권 1억 2000만 원)에 불과해 치솟아오른 전셋값을 감당하기가 쉽지 않다. 더구나 소득이 5000만 원 이상인 경우(신혼부부 6000만 원)에는 아예 '버팀목 전세자금대출'을 받을 수가 없다. 이 경우에는 한국주택금융공사의 보증을 받아 은행 창구에서 전세 자금을 빌리는 것도 금리를 낮추는 한 방법이 될 수 있다.[1]

이처럼 조금만 알아보면 낮은 금리로 돈을 빌릴 수 있는 기회가 많지만, 아무런 정보 없이 금융회사를 방문하게 되면 그들에게 유리한 대출 상품을 추천받을 수밖에 없다. 결국 이자를 한 푼이라도 아끼려면 금융회사 창구 직원에게만 맡기지 말고 자신이 직접 저금리 대출 상품에 대한 정보를 알아둘 필요가 있다.

저신용자를 위한 서민금융제도

자신의 소득이 적거나 신용등급이 낮다고 생각하는 경우에는 지레 겁을 먹고 2금융권이나 대부업체를 찾아가게 된다. 하지만 경제적으로 어려운 상황에 처한 사람들을 위한 다양한 서민금융지원제도가 있기 때문에 이를 잘 활용하면 아무리 저신용자라도 낮은 금리로 돈을 빌릴 기회를 가질 수 있다.

신용도가 낮은 서민들이 이용할 수 있는 대표적인 대출 상품이 바로 '새희망홀씨'나 '햇살론', '바꿔드림론', '미소금융' 등이다. 이런 서민 지원 대출 상품은 신용등급이 6~7등급 이하인 경우를 대상으로 하기 때문에 신용등급이 높거나 소득이 많으면 이용 자격이 없다.

은행 창구를 이용하는 '새희망홀씨'나 제2금융권 창구에서 빌리는 '햇살론'은 생계 자금이나 창업 자금, 운영 자금 등을 빌릴 때 유용하다. 또 기존 고금리 대출을 저금리로 전환하고자 할 때는 '바꿔드림론'을 이용할 수 있다. '미소금융'은 창업 자금이나 운영 자금을 연 4.5%의 저금리로 빌릴 수 있다.

이 밖에도 지방자치단체나 공공기관이 운영하는 수많은 서민 금융지원제도가 있기 때문에, 잘 살펴보면 저금리 대출을 받을 수 있는 기회도 적지 않다. 금융감독원이 운영하는 '서민금융 1332' 사이트(s1332.fss.or.kr)에 접속해보거나, 금감원 콜센터 (1332)로 전화를 하면 보다 자세한 정보를 얻을 수 있다.

▶ 서민금융제도 대출 상품 비교 ◀

	햇살론	새희망홀씨	바꿔드림론	미소금융
대상	소득 3000만 원 이하 또는 신용등 급 6~10등급이 고 소득 4000만 원 이하	소득 3000만 원 이하 또는 신용등 급 6~10등급이 고 소득 4000만 원 이하	소득 3000만 원 이하 또는 신용등 급 6~10등급이 고 소득 4000~ 4500만 원 이하	신용등급 7~10 등급 (향후 소득 3000만 원 이하 또 는 신용등급 6~10 등급이고 소득 4000만 원 이하로 변경 예정)
지원	운영 자금, 창업 자금, 생계 자금, 대환 자금	생계 자금	20%대 고금리 대출을 저금리 대출로 전환	운영 자금, 창업 자금
창구	농협, 신협, 새마을금고, 상호저축은행	시중 은행	자산관리공사 및 시중 은행	각 지역 미소금융 지점
금리	연 6~10.5%	연 6~10.5%	연 10.5% 이내	연 4.5% 이내

2016년 9월 기준

정책성 대출 상품을 철저히 연구하라

사실 우리나라의 대출 지원 정책은 너무나 복잡하고, 지원 조건도 까다로운 편이다. 돈 때문에 궁지에 내몰린 저신용자들이 이 모든 대출 지원 제도를 이해하고 활용하기는 쉬운 일이 아니다. 이 때문에 정작 정부 지원 대출의 주요 대상인 서민들이 정책에서 소외될 가능성이 적지 않다.

이처럼 복잡한 대출 지원 정책은 반드시 통합하고 단순화해 서민들이 접근하기 쉬운 원스톱(One-stop) 서비스로 바꾸어야 한다. 하지만 자신의 공적을 내세우고 싶어 하는 정책 당국자들은 기존 제도들을 단순화하기보다 끝없이 새로운 대출 지원 정책을 쏟아낼 공산이 크다. 결국 이자를 한 푼이라도 아끼려면 우리 스스로 이 같은 정책성 대출 상품을 철저히 연구하는 수밖에 없다.

서민 대출 지원 제도를 이용하려 할 때 또 하나 반드시 주의해야 하는 것이 있다. 정부의 대출 지원 정책이 워낙 복잡하다 보니 정부 지원 저금리 대출을 받게 해주겠다며 알선료나 소개료 명목으로 막대한 돈을 요구하는 업자들이 적지 않다는 점이다. 하지만 이 같은 알선료 요구는 명백한 불법이기 때문에 모두 사기라는 사실을 명심해야 한다.

복잡한 대출 상품,
한눈에 볼 수 없을까?

금융감독원 홈페이지를 적극 활용하라

수많은 대출 상품들을 한눈에 살펴보고 싶다면 금융감독원이 제
공하는 금융상품 통합비교공시 사이트(finlife.fss.or.kr)를 활용해
보자. 은행과 보험사, 저축은행 등 다양한 금융기관의 주택담보
대출과 전세자금대출, 개인신용대출의 최고 금리와 최저 금리는
물론 평균금리까지 조건별로 비교할 수 있기 때문에 매우 유용
하다.

　물론 이 사이트에 나오는 수치는 단지 통계일 뿐이라 은행이
실제로 제시하는 금리는 처한 상황에 따라 달라진다. 하지만 이

같은 대출 정보를 알고 은행을 찾느냐 아니냐는 큰 차이를 낼 수밖에 없다. 특히 창구 직원이 제시한 금리가 어느 정도 수준인지 쉽게 파악이 가능하기 때문에 협상력이 크게 높아진다.

금융감독원이 제공하는 금융상품 통합비교공시 사이트(finlife.fss.or.kr)

주택담보대출·전세자금대출, 손쉽게 비교하기

금융감독원 금융상품 통합비교공시 사이트에서 주택담보대출 금리를 비교하려면, 자신이 구입하려고 하거나 보유하고 있는 주택 가격과 원하는 대출 금액을 입력하고, 몇 년 동안 빚을 갚아나갈지를 입력하면 된다. 그러면 주택 담보 가치 대비 최대 대출

검색결과 내에서 금리방식, 상환방식, 월평균 상환액 등 자신이 원하는 대로 정렬한 후 볼 수 있어 편리하다.

가능 한도를 나타내는 주택담보대출비율(LTV)이 자동으로 계산되기 때문에 편리하다.

또 담보주택이 아파트인지 아닌지, 그리고 금리가 변동인지 고정인지에 따라 조건 검색이 가능하고, 만기일시상환이나 원리금균등분할상환과 원금균등분할상환 등 상환방식을 선택해 금리를 비교할 수 있다.

이처럼 조건을 입력하고 검색해보면 각 금융회사의 금리 차가 바로 드러난다. 2016년 8월 기준으로 같은 은행권의 변동금리 주택담보대출이라도 월평균 금리가 최저 연 2.38%에서 최고 3.54%로 무려 1.16%p나 차이가 난다. 특히 장기 대출의 경우에는 1%p가 큰 차이를 만들기 때문에 꼼꼼히 검토하고 금융회사를 선택하는 것이 좋다.

또 반드시 확인해야 하는 것이 바로 검색 화면 오른쪽에 나오는 '상세 정보'다. 대출 이자율이 낮다고 해도 인지세나 보험료 등 대출 부대비용이 큰 상품도 있고, 연체 이자율이나 중도상환 수수료가 높은 상품도 있기 때문에 단순히 대출 금리만 보지 말고 상세 정보도 꼼꼼하게 확인해야 한다.

이 같은 방식으로 전세자금대출의 금리도 손쉽게 비교할 수 있다. 단, 전세자금대출은 대체로 주택담보대출보다 금리가 높고, 저축은행이나 보험 쪽은 비교할 수 있는 대출 상품이 많지 않다는 단점이 있다.

신용등급에 따라 금리가 다른 신용대출

개인신용대출도 금융감독원 통합비교공시 사이트를 통해 금리를 비교할 수 있다. 신용대출은 특히 자신의 신용등급에 따른 평균 금리를 비교할 수 있다는 점이 가장 큰 특징이다.

예를 들어 2016년 8월 기준 우리은행의 일반신용대출은 신용등급이 1~2등급인 경우 평균금리가 연 2.83%였지만, 9~10등급인 경우 연 12.64%나 되어 그 차이가 무려 9.81%p나 난다. 이에 비해 신한은행은 신용등급 1~2등급의 경우 대출금리가 연 2.64%, 9~10등급은 3.01%로 그 차이가 0.37%p에 불과했다.

금융회사	대출종류	금리구분	신용등급 1~2등급	신용등급 3~4등급	신용등급 5~6등급	신용등급 7~8등급	신용등급 9~10등급	신용등급 평균금리	상세정보
신한은행	일반신용대출	대출금리	2.64%	2.65%	2.66%	2.67%	3.01%	2.65%	상세 ∨
우리은행	일반신용대출	대출금리	2.83%	3.59%	5.52%	7.76%	12.64%	3.26%	상세 ∨
한국산업은행	일반신용대출	대출금리	3.29%	-	-	-	-	3.29%	상세 ∨
농협은행	일반신용대출	대출금리	2.90%	3.46%	4.87%	6.43%	7.74%	3.31%	상세 ∨
우리은행	마이너스한도대출	대출금리	3.31%	3.79%	5.15%	7.29%	13.19%	3.43%	상세 ∨
신한은행	마이너스한도대출	대출금리	3.39%	3.48%	3.66%	3.47%	-	3.44%	상세 ∨
농협은행	마이너스한도대출	대출금리	3.24%	3.85%	5.75%	8.71%	13.00%	3.54%	상세 ∨
한국산업은행	마이너스한도대출	대출금리	3.52%	3.85%	4.29%	-	-	3.56%	상세 ∨
KEB하나은행	마이너스한도대출	대출금리	3.55%	3.73%	3.95%	4.52%	-	3.63%	상세 ∨

신용등급별로 각 은행의 대출 금리를 확인할 수 있다.

언뜻 보면 9~10등급인 저신용자들의 신용대출금리가 낮기 때문에 신한은행이 저신용자에게 유리해 보이지만, 그만큼 신한은행이 저신용자에게 엄격한 잣대를 들이대고 있다는 이야기가 된다. 이 때문에 대출 승인을 받을 가능성과 금리 등을 종합적으로 고려해 대출받을 은행을 선택해야 한다.

만일 자신의 신용등급을 모른다면 즉시 확인해보는 것이 좋다. 올크레딧이나 마이크레딧처럼 민간 신용정보업체에서 신용등급을 조회하려면 상당한 금액의 회비를 내야 하지만 한국자산관리공사에서 운영하는 '서민금융나들목'에 접속해 '신용 및 금융 리스크 관리 서비스'를 신청하면 무료로 신용등급을 조회할 수 있다.

소득 대비 적정한 대출 금액은?

이처럼 조금만 더 노력하면 대출 이자를 한 푼이라도 더 아낄 수 있다. 하지만 이자를 낮추는 데 성공했다고 해서 빚테크가 끝난 것은 아니다. 만일 저금리에 취해 자신이 감당할 수 있는 수준을 넘어 과도하게 빚을 내면 오히려 낭패를 볼 수 있기 때문이다. 결국 무엇보다 중요한 것은 자신의 소득과 자산 규모에 맞게 합리적인 수준으로 빚을 내는 것이다.

특히 앞으로 5년 동안은 매우 극심한 경제 환경의 변화가 예상되기 때문에 먼저 자신이 감당할 수 있는 최대 부채 규모를 산정하고, 그보다 다소 낮은 수준에서 돈을 빌리는 것이 안전하다. 이를 위해서는 앞서 소개한 바와 같이 매달 내는 원리금 합계가 소득의 13%를 넘지 않도록 권장 대출 한도를 지키는 것이 좋고, 자금 사정상 여의치 않더라도 30%인 안전 대출 한도는 꼭 지켜야 한다.

원하는 것을 얻어내는
협상의 기술

대출 시 협상은 선택이 아니라 필수!

"세상의 80%는 협상이다." 미국 최고의 협상 전문가 중 한 사람인 허브 코헨(Herb Cohen)의 말이다.[2] 그는 백화점에서 파는 물건의 가격표나 호텔의 체크아웃 규정 같은 것들은 모두 인간이 만든 것에 불과하기 때문에 상황에 따라 협상할 수 있다고 주장한다. 백화점이나 호텔은 이런 규정을 인쇄물 등으로 만들어 절대로 바꿀 수 없는 것처럼 위장하지만, 사실 눈속임에 불과하다는 것이다.

코헨의 말처럼 백화점이나 호텔의 모든 것이 협상이듯이 빚도 협상으로 모든 조건을 바꿀 수 있다. 돈을 처음 빌릴 때는 물론이고, 만기를 연장할 때, 또 빚을 제때 갚지 못해 신용회복위원회를 찾을 때에도 모두 협상을 할 수 있다. 또 협상 여부에 따라 엄청난 결과의 차이가 나기 때문에 반드시 협상을 해야 한다.

그러나 많은 사람이 돈이 필요해 은행에 갈 때는 이미 심리적으로 위축될 수밖에 없다. 때문에 은행 창구에서 협상을 하겠다는 의지 자체를 잃어버리고 은행 직원 앞에서 백기 투항을 하며 그들이 내세우는 대출 조건을 그대로 받아들이는 경우가 적지 않다.

하지만 은행 문턱이 높던 시대는 끝났다. 이제는 예금자보다 대출자가 더 중요한 고객이 됐다. 금융회사가 만든 대출 관련 규정은 결코 신이 내린 불변의 법칙이 아니라 모두 인간이 만든 것에 불과하다. 그들의 규칙에 무조건 끌려다닐 것이 아니라 당당하게 대출 조건을 제시하고 협상을 자신에게 유리한 방식으로 이끌어가야 한다.

시간을 내 편으로 만들어라

어떻게 해야 협상을 유리하게 이끌어갈 수 있을까? 협상 전문가인 허브 코헨은 협상에서 가장 중요한 세 개의 요소로 '시간, 정보, 힘'을 강조한다.

우선 '시간'은 협상을 이끌어가는 데 가장 중요한 요소다. 만일 금융회사가 당신이 궁지에 몰려 있고, 시간이 촉박하다는 것을 잘 알고 있다면 당신에게 유리한 대출 조건을 제시할 가능성은 거의 없을 것이다.

따라서 그런 다급한 상황에 처하지 않도록 미리 대처해두는 것이 중요하다. 특히 주택 구매처럼 미리 예측할 수 있는 경우라면 상당한 기간을 두고 대비해서 다급하게 돈을 빌리는 상황을 만들지 않도록 해야 한다.

또 예측하지 못한 돌발 상황에 대비해 낮은 금리로 돈을 빌릴 수 있는 대출 한도를 미리 확보해두는 것이 좋다. 특히 대부분의 자산을 환금성이 떨어지는 곳에 투자했다면 대출 한도 확보가 더욱 중요하다. 그렇지 않으면 은행과의 협상에서 가장 중요한 '시간'을 선점당해 불리한 조건으로 대출을 받게 될 것이다.

협상을 위한 정보 수집은 기본 중의 기본!

협상의 두 번째 요소인 '정보' 역시 금융회사를 상대할 때 매우 강력한 무기가 될 수 있다.

우리는 스마트폰 하나를 살 때도 인터넷 등을 통한 정보 검색은 물론, 지인 등 주변 사람들을 통해 다양한 정보를 얻지만, 이상하게도 대출을 받을 때는 정보를 수집하는 데 별다른 노력을 하기보다 혼자서 일단은 금융회사 창구를 찾고 보는 경우가 적지 않다.

고객이 은행 대출 창구에서 금융에 대해 잘 모르고 어수룩한 모습을 보인다면, 어떤 은행원도 당신에게 더 나은 조건의 대출 상품을 권해줄 이유가 없을 것이다. 이는 마치 아무것도 모르는 초심자가 혼자 전자상가를 찾아가 전자제품을 사려는 것과 다름이 없다.

물건을 싸게 팔든 비싸게 팔든 그것을 전혀 모르는 고객에게 전자상가 직원이 왜 스스로 손해를 감수하고 더 좋은 제품을 더 싸게 팔려고 하겠는가? 이와 마찬가지로 당신이 더 많이 알고 은행 창구를 찾았을 때 더욱 강력한 협상력을 갖게 될 것이다.

협상력을 높이기 위해서는 은행의 니즈(needs)를 정확하게 분석하는 것도 중요하다. 은행은 돈을 벌기 위한 곳이고, 은행원은 실적을 내야 한다. 이 때문에 은행과 은행원이 원하는 것을 정확하게 파악한다면 더 유리한 대출 조건을 보다 쉽게 찾아낼 수 있을 것이다. 이를 위해서는 적어도 금융회사 서너 곳을 방문해 정보를 수집하고 비교해보는 것이 좋다.

또 이미 대출을 받았다고 해서 결코 협상이 끝난 것이 아니다. 당신이 직장인인 경우 승진을 했거나, 자영업자인데 매출이 크게 늘었다면 금리를 낮추어달라고 요구할 수 있다. 이렇게 상황 변동에 따라 대출 조건을 재조정할 기회를 주는 것은 은행이 무슨 자선단체여서가 아니다. 당신의 신용도가 높아졌는데 홀대했다가는 자칫 우수한 고객을 잃을까 봐 만든 제도다. 그러므로 은행의 눈치를 보지 말고 당당하게 '금리 인하 요구권'을 행사하라.

금융회사에 기죽을 필요 없다

마지막 협상의 요소는 '힘'이다. 당신은 은행이나 카드사, 또는 신용회복위원회를 상대할 때 그 직원이 권위(Power)를 갖고 있다고 믿기 때문에 쉽게 굴복한다. 하지만 은행이나 카드사, 심지어 대부업체 직원도 모두 당신과 같은 처지에 있는 사람이다. 그들의 권위에 굴복하지 말고, 스스로 중요한 고객이라는 자신감을 갖고 협상에 임해야 한다.

연체 위기에 몰렸을 때도 마찬가지다. 빚을 못 갚는 것은 당신에게 큰 충격이겠지만, 은행 지점이나 직원의 실적에도 악영향을 준다. 이 때문에 은행의 시스템을 더욱 잘 살피면, 은행과 당신이 모두 이득을 보는 '윈윈 게임(Win-win game)'의 길을 찾아낼 수 있을 것이다.

모든 것을 협상하라고 해서 은행 직원과 언성을 높이고 싸우라는 뜻이 결코 아니다. 오히려 협상 상대방인 금융회사 직원의 처지를 이해하고 그들의 말에 귀를 기울이며, 합의점을 찾아가는 것이 협상에 훨씬 더 유리하다. 이런 태도를 유지한 상태에서 시간과 정보, 그리고 힘이라는 협상의 3대 요소를 적극 활용해 협상의 우위를 선점해야 한다.

이처럼 빚 정리의 기술과 함께 협상의 기술들을 활용해간다면 지금 갖고 있는 빚들을 합리적으로 정리할 수 있다. 하지만 빚이란 한 번 정리했다고 결코 끝이 아니다. 만일 조금이라도 여지를 준다면 빚은 금세 자라나 다시 우리의 가계재정을 위협하게 된다. 이 때문에 일단 빚을 정리하는 데 성공했다면, 그다음은 4부에서 다루는 '빚지지 않는 시스템'을 구축해 빚으로부터 독립을 선언해야 한다.

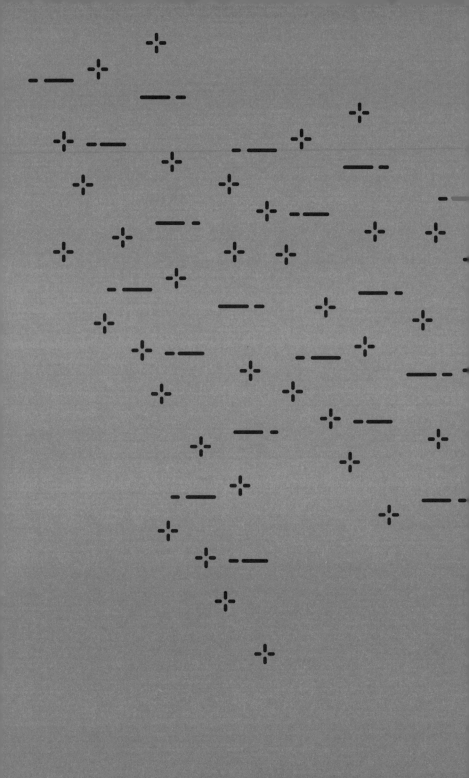

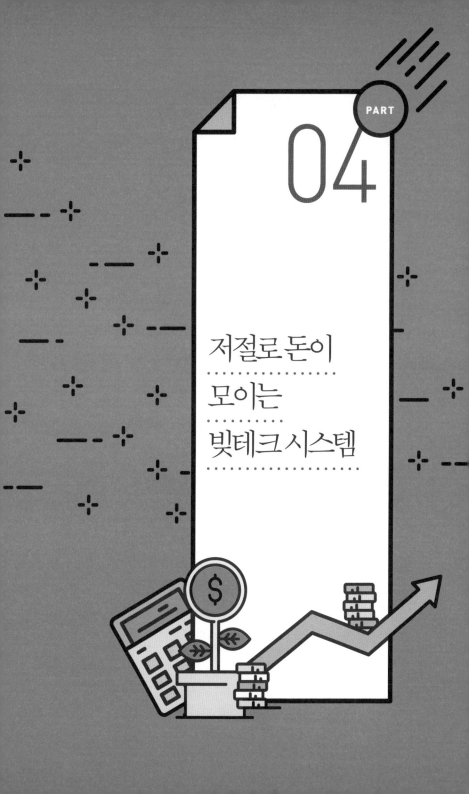

저절로 돈이
모이는
빚테크시스템

빛 권하는 사회에서
살아남는 법

인생이 바뀌는 빛테크의 기적

남아프리카 공화국에서는 장티푸스나 콜레라 등 각종 감염병으로 해마다 수천 명의 어린이들이 숨지고 있다. 그런데 이런 감염병은 대부분 손만 제대로 씻어도 어느 정도 예방할 수 있다. 하지만 각종 사회 인프라나 교육 시스템이 부족한 남아프리카에서 아이들이 손을 자주 씻도록 교육하는 것은 쉬운 일이 아니었다.

그런데 남아프리카의 비영리 단체인 블리키스도프 포 호프 (Blikkiesdorp 4 Hope)가 재미있는 아이디어를 냈다. 비누 안에 아이들이 좋아하는 장난감을 넣은 '희망 비누(Hope Soap)'를 나누어

준 것이다. 이 비누를 받은 아이들은 누가 잔소리를 하거나 시키지 않아도 비누 안에 들어 있는 장난감을 꺼내기 위해 자발적으로 손을 씻기 시작했다. 그 결과 감염병 발생이 70%나 줄었고, 특히 호흡계 질환은 75%가 줄었다.

이처럼 의식하지 못하는 사이 특정 행동을 하도록 유연하고 부드럽게 유도하는 방식을 '넛지 마케팅(Nudge marketing)'이라고 한다. 만일 이 아이들을 하나하나 불러 모아 매일 손을 씻도록 교육하려 했다면 오랜 시간과 많은 자원이 소모되었을 것이다. 하지만 아이들에게 동기를 부여하는 이 같은 작은 아이디어 하나가 아이들 스스로 행동하게 만들었다.

인간은 대체로 합리적인 편이지만 매일 계속되는 끝없는 선택의 순간들 앞에서 때로는 비합리적인 행동을 할 때가 있다. 또 잘못된 일이라는 것을 알면서도 자신의 행동을 제대로 통제하지 못해 손해를 보는 경우도 적지 않다. 이럴 때, 우리가 미리 합리적인 사고를 통해 자동 메커니즘을 만들어 잘못된 행동을 할 기회조차 없애버리면, 비합리적인 선택을 미연에 방지할 수 있을 것이다.

우리는 특히 빚과 관련해서 비합리적인 행동을 할 때가 적지 않다. 그 이유는 우리를 빚더미로 유혹하는 온갖 상술과 금융회사들의 마케팅 기법이 수백, 수천 년에 걸쳐 진화해온 반면, 이와 맞서 싸우는 방법은 제대로 배운 적도, 연구한 적도 없기 때문이다. 따라서 빚을 다룰 때는 이들의 고도화된 마케팅 기법에 쉽게 넘어가지 않도록, 자신의 의지와 관계없이 저절로 작동되는 '빚테크 시스템'을 만들어두는 것이 좋다.

지출은 불편하게! 저축은 쉽고 편하게!

구체적인 '빚테크 시스템'은 사람마다 다르겠지만, 다음의 세 가지 원칙은 반드시 지켜야 한다.

첫째, 지출은 최대한 불편하게 만들어야 한다. 돈을 쉽게 쓸 수 있으면 더 편해서 좋을 것이라고 생각하지만, 지출을 의도적으로 억제하기가 더욱 힘들어진다. 더구나 쉽게 빚을 질 수 있는 환경이라면 자연스럽게 빚이 불어나기 때문에 돈을 쓰거나 빌리는 것은 최대한 힘들게 만드는 것이 좋다.

두 번째 원칙은 돈을 모으는 방법이 가급적 쉽고 단순해야 한다는 것이다. 돈을 모으고 지출을 억제하는 시스템이 당신을 힘들고 지치게 만든다면, 그것은 반드시 실패할 수밖에 없다. 인간은 편한 것을 찾기 마련이기에 빚테크 시스템은 손쉬워야 하며, 이것이 당신에게 즐거움까지 준다면 더할 나위 없을 것이다.

셋째, 빚테크 시스템을 한번 만들어놓으면 자동으로 작동되도록 해야 한다. 오늘날과 같이 바쁘고 복잡한 세상을 살아가는 현대인들은 일상에서 수많은 선택의 순간을 경험하게 된다. 그런데 그 선택의 순간마다 매번 고민해야 한다면 돈과 빚을 관리하는 일은 우리를 쉽게 지치게 만들 것이다. 아무리 빚을 통제하고 돈을 모으려는 시스템을 정교하게 만들어놓았다고 해도 이를 지키는 것이 번거롭고 귀찮은 이상 결코 오랫동안 지속될 수 없을 것이다.

우리가 만들고자 하는 빚테크 시스템을 한마디로 요약하면, 돈을 쓰고 빚을 지는 것은 최대한 불편하게, 그리고 돈을 모으고 관리하는 것은 최대한 편하게 만드는 것이다. 그렇다면 나에게 맞는 빚테크 시스템은 과연 어떻게 만들어야 할까? 이제 다음 장부터는 구체적인 시스템 설계와 유지에 대해 설명하고자 한다.

가계 지출의
새 판을 짜라!

모든 지출을 원점에서 재검토하자

1960년대 미국의 반도체 회사인 텍사스 인스트루먼츠(Texas Instruments)의 회계 담당자였던 피터 페이어(Peter Pyhrr)는 회사의 예산이 쓸데없는 곳에 지속적으로 낭비되고 있다는 사실을 발견했다. 그리고 그 원인을 분석한 결과, 새해 예산을 짤 때 전년도 예산 수준을 넘지 않으면 별다른 검토 없이 통과시켰기 때문이라는 것을 알아냈다.

　그는 이 같은 문제를 해결할 수 있는 방법은 단 한 가지밖에 없다고 보았다. 새해 예산을 짤 때마다 모든 예산을 원점에서 재검토하는 '제로베이스 예산(Zero Base Budgeting)'을 도입하는 것이다. 그는 이를 통해 각종 고정 지출을 줄여 텍사스 인스트루먼츠의 수익성을 개선하는 데 큰 성과를 거두었다.

그 뒤 제로베이스 예산이 큰 인기를 끌면서 제록스(Xerox) 같은 민간 회사는 물론 미국이나 한국 정부까지 제로베이스 시스템을 예산 편성에 응용했다.[1] 이 덕분에 예산 절감 효과를 본 경우도 있었지만, 이미 지난해 따놓은 예산마저 원점에서 다시 검토하는 바람에 조직적인 반발을 불러일으킨 경우도 적지 않았다.

사실 지출이 한번 늘어나면 웬만해서는 줄지 않고 점점 늘어나는 경향이 있는 것은 가계도 마찬가지다. 고정 지출이 늘어나기 시작하면 결국 가계수지가 악화되어 쉽게 빚의 유혹에 넘어갈 수 있다. 이때 제로베이스 예산 방식이야말로 가계 지출을 통제하는 가장 적합한 수단이 될 수 있다.

제로베이스 예산을 도입했던 정부 조직이나 기업이 집단적 저항에 부딪혔던 이유는 매년 예산 심사를 새로 받아야 하는 업무 부담에 대한 담당자들의 반발 때문이었다. 하지만 가계예산은 결국 자기 자신의 돈이기 때문에 이 같은 저항이 일어날 우려가 없어 제로베이스 예산 방식을 효과적으로 활용할 수 있다. 또 가계는 해마다 제로베이스 예산을 도입할 필요 없이 한번만 원점에서 재설계를 해도 수년 동안 그 효과를 볼 수 있다.

숨어 있는 고정 지출을 찾아라!

제로베이스 예산을 가계에 도입하기 위해 가장 먼저 할 일은 가계의 재정 상황을 정확하게 파악하는 것이다. 돈 관리의 기본은 한 달에 얼마를 벌고 얼마가 남는지 정확하게 파악하는 것이다. 세상의 모든 일이 그렇듯 돈 관리도 '지피지기(知彼知己)면 백전불태(百戰不殆)'라고 할 수 있다.

가계의 현금 흐름과 재정 상황을 가장 정확하게 파악하는 방법은 복식부기* 방식으로 가계부를 작성하는 것이다. 복식부기로 가계부를 만들면 수입과 지출은 물론 자산의 현황을 정확하게 파악할 수 있고, 차변과 대변의 일치 여부를 통해 가계부가 정확한지 자동 검열도 된다. 하지만 회계를 배우지 않은 일반 가계에서 복식부기를 하는 것은 쉬운 일이 아니다.

*
자산과 자본의 변동 증감 상황을 대변과 차변으로 구분하여 이중기록계산이 되게 하는 정규의 부기 형식을 갖춘 장부. 대차변의 각 합계가 일치되어 자동 검증 기능을 수행할 수 있다.

복식부기가 어렵다면 단순히 수입과 지출을 표시하는 일반 가계부를 작성해도 된다. 단, 이 경우에는 자신도 모르게 빠져나가는 지출이 누락되지 않도록 철저히 검증하는 것이 중요하다. 가계부는 열심히 썼는데 정작 중요한 지출이 누락되었다면 무슨 소용이 있겠는가? 제로베이스 예산으로 새어나가는 지출을 줄이려면 이렇게 숨어 있는 항목을 찾아내는 것이 특히 중요하다.

이를 위해서는 매월 가계부 상의 잔고와 실제 자신의 은행 잔고가 일치하는지 확인해야 한다. 만일 가계부 상으로는 300만 원을 벌고 200만 원을 지출해 100만 원이 남아야 하는데, 실제 그 기간의 통장 잔고는 100만 원이 아니라 50만 원이라면 50만 원만큼 숨은 지출이 있다는 뜻이다. 이 차이가 사라질 때까지 숨어 있는 지출을 찾아내 가계부에 정확하게 기록해야 한다.

이렇게 숨어 있는 지출은 휴대전화 요금이나 할부금, 관리비, 각종 회비 등 자신도 모르게 계속 빠져나가는 고정 지출인 경우가 많다. 이 경우 단 한 번만 지출을 줄이면 그 효과가 오랫동안 지속되기 때문에 장기간에 걸쳐 큰 효과를 볼 수 있다.

따라서 아무리 번거롭더라도 반드시 숨어 있는 고정 지출을 모두 찾아내 그 지출을 계속 유지할지 말지를 제로베이스에서 검토하는 것이 중요하다.

제로베이스 예산 방식의 장점

가계부는 종이에 쓰는 것보다 스프레드시트(Spread sheet)를 이용하는 것이 좋다. 스프레드시트에는 유료인 엑셀(Excel)이나 한셀, 그리고 구글이 무료로 제공하는 프로그램도 있다. 이를 활용하면 자동으로 계산해주기 때문에 오류가 없고 간편하다. 더구나 제로베이스로 가계예산을 짤 때 돈이 얼마나 절약되는지 한눈에 파악할 수 있고, 얼마나 많은 돈을 더 모을 수 있는지 바로 확인할 수 있기 때문에 동기 부여에도 유리하다.

하지만 이런 프로그램을 잘 활용하지 못한다고 해도 걱정할 필요는 없다. 우리나라에서는 거의 모든 은행이 가계부 프로그램을 제공하고 있기 때문이다. 네이버나 다음 같은 포털 사이트가 제공하는 가계부 프로그램을 써도 되고, 카드 지출 내역이 자동으로 연동되는 모바일 가계부 어플을 활용해도 좋다.

제로베이스로 가계예산을 짤 때는 1~2개월 정도의 가계부로는 부족하다. 가계 지출에는 계절적인 요인도 있고, 우발적인 지출도 있기 때문에 적어도 3~6개월 정도 작성해야 정확한 지출 규모는 물론 숨어 있는 항목들을 모두 파악할 수 있다.

이렇게 완성된 가계부를 토대로 모든 지출을 원점에서 재검토해 가계 지출의 '새 판'을 짜는 것이 바로 제로베이스 가계예산이다. 이를 위해서는 가계 지출을 제로(0)로 놓고 지출 항목 하나하나를 추가할지 말지 꼼꼼히 따져봐야 한다.

제로베이스 가계예산을 짜면 이전에 비해 당연히 지출 규모가 크게 줄어든 예산안이 나올 것이다. 어떤 가계든 제로베이스로 재검토하면 줄일 수 있는 지출은 얼마든지 있기 때문이다. 이렇게 제로베이스 가계예산을 완성하면 빚을 통제하고 다스리는 '빚테크 시스템'을 만드는 첫 번째 단추를 끼웠다고 할 수 있다.

하지만 이렇게 제로베이스 가계예산을 만들었다고 안심해서는 안 된다. 당신의 지출을 유도하는 수많은 유혹이 있기 때문에 단순한 결심만으로는 결코 제로베이스 예산대로 지출을 통제할 수 없다. 그러므로 제로베이스 예산을 계속 실천해나가려면 자신의 행동을 스스로 통제하도록 만드는 '자동 메커니즘'을 함께 만들어가야 한다.

오늘부터 시작!
소액 지출 점검

커피 한 잔 값의 비밀

커피 소비량이 비약적으로 늘어나면서 2014년에 이미 우리나라 성인 한 명이 1년 동안 마신 커피가 평균 340잔을 돌파했다.[2] 실제로 식사 후 커피 전문점에서 4,000~5,000원짜리 커피를 마시는 것이 일상화된 지 오래다.

사실 4,000원이면 별것 아니라고 생각하는 사람도 많을 것이다. 그런데 이 별것 아닌 커피 한 잔을 평생 마신다면 어떻게 될까? 하루 4,000원짜리 카페라테를 40년 동안 매일 마시면 단순히 원금만 계산해도 무려 5877만 원이나 된다.

만일 하루에 커피 한 잔 마실 돈을 연 3%의 수익률로 투자했다면 40년 뒤 총액은 약 1억 1000만 원이 된다. 또 연 수익률이 4%라면 약 1억 4200만 원, 5%라면 약 1억 8300만 원이나 된다. 매일 카페라테 한 잔 값만 저축해도 복리 효과 때문에 나중에는 큰돈이 된다는 뜻에서 이 같은 계산을 '카페라테 효과'라고 부른다.

▶ 카페라테 효과 ◀

	원금만 모을 경우	수익률 연 3% 투자	수익률 연 4% 투자	수익률 연 5% 투자
20년	2880만 원	3949만 원	4416만 원	4953만 원
30년	4320만 원	7010만 원	8356만 원	1억 29만 원
40년	5760만 원	1억 1140만 원	1억 4231만 원	1억 8389만 원

이런 복리 효과의 힘을 오래전부터 강조하고 직접 실천해왔던 대표적인 사람이 바로 세계적인 부호 워런 버핏이다. 버핏은 돈을 모으는 방식을 작은 눈덩이를 굴리기 시작해 거대한 눈덩이로 만드는 것에 비유한다.

실제로 버핏은 어렸을 때부터 신문 배달과 소소한 사업을 하여 고등학교를 졸업할 무렵에 이미 9,000달러(약 1016만 원)를 모았다. 그리고 이를 계속 굴려나가면서 60여 년 만에 608억 달러

(약 69조 원)라는 거대한 눈덩이로 만들었다.

그런데 세계 최고 수준의 부자가 된 지금도 버핏은 1958년에 3만 1,500달러(약 3550만 원)로 구입한 낡은 집에 살면서, 2006년에 4만 달러(약 4500만 원)를 주고 구입한 캐딜락 승용차를 9년이나 타고 다녀 화제가 되기도 했다.

그가 이처럼 돈을 쓰지 않는 이유는 현재 사소해 보이는 1달러라도 이를 복리로 투자하면 몇십 년 뒤에는 엄청난 자산이 된다는 것을 너무나 잘 알고 있기 때문이다. 실제로 버핏이 1965년에 투자했던 1달러는 2015년 무려 1만 8,262달러(약 2062만 원)로 불어났다. 연평균 수익률 21.6%가 가져온 복리 효과의 마법 덕분이다.[3]

물론 버핏의 투자 수익률을 따라잡는 것은 매우 어려운 일이다. 하지만 우리가 복리 효과의 놀라운 힘을 깨닫고 조금이라도 일찍 미래를 준비해나간다면 버핏과 같은 세계적인 거부(巨富)가 되기는 어려울지 몰라도 자신의 노후를 지키는 것은 충분히 가능할 것이다.

이를 위해서는 나도 모르게 새고 있는 불필요한 소비를 줄이는 것이 중요하다. 앞서 카페라테 효과를 소개했다고 해서 커피 소비부터 줄여야 한다는 뜻은 결코 아니다. 커피 한 잔이 당신에게 충분한 기쁨을 준다면 커피 소비부터 줄이는 고통을 감수할 필요가 없다. 절약으로 인한 정신적 스트레스가 크다면 그 절약은 결코 오래 지속되지 않기 때문이다.

하지만 아무 생각 없이 습관적으로 즐기고 있는 소비가 과연 미래의 재정적 안정성보다 소중한지 항목별로 검토할 필요가 있다. 이를 위해서는 각 소비 항목의 카페라테 효과를 측정해볼 필요가 있다. 예를 들어 4,500원짜리 담배를 하루에 한 갑씩 30년 동안 피운다면, 연 수익률을 4%로 가정할 때 담배에만 9400만 원을 쓰는 셈이 된다.

나도 모르게 새는 돈은 얼마인가?

이 같은 카페라테 효과를 계산하려면 네이버나 다음과 같은 포털 사이트가 제공하는 복리 계산기를 활용하면 된다. 이를 통해 자기가 정기적으로 소비하는 항목들의 카페라테 효과를 계산한 뒤 목록으로 만들어, 자신에게 그만한 효용을 주고 있는지 냉철하게 따져볼 필요가 있다. 특히 매달 내는 보험료나 공과금도 모두 포함해 계산해보는 것이 좋다.

그리고 소비의 즐거움을 그대로 유지한 상태에서 비용을 낮출 수 있는 방법도 고려해볼 수 있다. 예를 들어 커피 전문점 대신 사무실이나 가정에 커피 머신을 놓는 등의 방법으로 더 좋은 커피를 마음껏 골라 마시면서 비용을 줄일 수도 있다. 이 경우 카페라테 효과로 절감되는 비용이 얼마인지 비교해보면 보다 쉽게 결단을 내릴 수 있을 것이다.

　사람마다 기호나 생각이 다르기 때문에 콕 찍어 특정 지출을 줄이라는 정답이 있을 수는 없다. 똑같은 소비라고 하더라도 사람마다 즐거움을 느끼는 정도가 다르기 때문이다. 그런데 대부분 사람들이 큰 부담을 느끼고 있으면서 마음만 먹으면 꽤 큰 비용을 절감할 수 있는 대표적 지출이 바로 통신비다.

　3인 가족이 스마트폰 세 대와 가정용 인터넷을 사용하고 케이블 TV까지 보면 단말기 할부금, 셋톱박스 임대료 등을 포함해 한 달에 20만~30만 원을 지출하게 된다. 그런데 만일 한 달에 30만 원씩 연평균 수익률 4%로 투자한다면 30년 뒤에는 무려 2억 891만 원이나 되기 때문에 엄청난 카페라테 효과가 발생한다.

　통신요금을 낮출 수 있는 방법은 조금만 발품을 판다면 얼마든지 찾을 수 있다. 특히 우리나라의 통신요금은 전형적인 끼워팔기 전략을 택하고 있기 때문에, 실제 휴대폰 사용량보다 훨씬 비싼 요금제를 선택한 경우가 적지 않다. 따라서 자신의 실제 통화량이나 데이터 사용량을 확인하고 그에 맞추어 요금제를 조정하면 비용을 크게 절감할 수 있다.

악마는 디테일에 있다!

또 반드시 검토해야 할 지출 중의 하나가 바로 보험료다. 2013년을 기준으로 민영보험사의 수입 보험료는 국내총생산(GDP)의 11.9%로, 세계 5위를 차지할 정도로 가계 지출에 큰 부담이 되고 있다. 더구나 보험은 한번 계약하면 수십 년씩 보험료를 내는 경우가 많기 때문에 장기적으로 가계의 현금 흐름에 큰 영향을 준다.

그런데 보험료도 조금만 연구하면 의외로 절감할 수 있는 방법이 많다. 대체로 저축성 보험은 기본 보험료의 200%까지 추가 납부가 가능하다. 그런데 추가 납입한 금액에 대해서는 사업비(보험사가 영업에 쓰는 돈, 일종의 수수료)를 적게 떼어간다. 이 때문에 기본 보험료를 낮게 가입한 다음 추가 납부를 하는 편이 수수료 측면에서 유리하다.

예를 들어 30만 원을 기본 보험료로 납부하면 10년 동안 사업비는 329만 원이 빠져나간다. 전체 보험료의 9.1%나 되는 금액이 사업비로 사라지는 셈이다. 그런데 10만 원을 기본 보험료로 설정한 뒤 20만 원을 추가 납부하면 사업비를 136만 원으로 절감할 수 있다. 그 결과 사업비가 전체 보험료의 3.8%로 줄어드는 효과가 있다.[4]

하지만 보험사 입장에서는 그만큼 사업비가 줄어 손해이기 때문에 이를 잘 설명해주지 않으므로 저축성 보험에 가입할 때는 스스로 확인해야 한다. 이외에도 금연 할인, 자동이체 할인 등 각종 할인 항목이 있으니 스스로 꼼꼼히 챙기는 것이 좋다.

또한 각종 회비나 할부금, 관리비 등 정기적으로 나가는 지출의 카페라테 효과를 계산하고 어떤 지출을 줄일지 확인해보자. 이렇게 정기적으로 나가는 지출은 한번만 조정을 해놓으면 꽤 오랫동안 지속적으로 비용이 줄어들기 때문에 큰 효과를 볼 수 있다. '악마는 디테일에 있다'는 말처럼 빚테크의 성패는 의외로 세심한 곳에서 결정된다.

SYSTEM 4

저축은 쉽고 편하게!
통장은 2개면 충분하다

빚이 생기는 기회를 원천 봉쇄하라

1485년 에르난 코르테스(Hernan Cortes)는 가난한 스페인 하급 귀족 가문에서 태어났다. 그런데 서른두 살의 젊은 나이에 뜻밖의 행운이 찾아왔다. 당시 쿠바 총독이었던 디에고 벨라스케스(Diego Velazquez)가 중미대륙을 탐험하는 원정 대장 자리를 그에게 맡긴 것이다. 코르테스가 뛰어나다고 생각한 것이 아니라 군사적 경험이 부족한 코르테스를 자신의 뜻대로 조종할 수 있을 것이라고 믿었기 때문이었다.

그러나 이는 쿠바 총독의 크나큰 오판이었다. 코르테스는 경험이 없었을 뿐 야심 차고 수완이 좋은 인물이었다. 뒤늦게 이 사실을 깨달은 쿠바 총독이 코르테스를 원정대 대장에서 해임하려 했지만, 코르테스는 선수를 쳐 군인 500여 명과 배 열한 척을 이끌고 중미 원정을 강행했다. 그는 멕시코만 해안가를 돌며 여러 부족을 성공적으로 복속시켰다. 그러던 도중 엄청난 황금이 있다는 아즈텍(Aztec) 제국에 대한 소문을 듣고 내륙으로 진군하려는 욕망에 사로잡혔다.

하지만 코르테스의 병사들이 보기에 이는 너무 무모한 도전이었다. 당시 아즈텍 인구는 500만~600만 명으로 웬만한 유럽 국가들보다 훨씬 많았다. 코르테스는 일부 병사들이 밤에 배를 탈취해 쿠바로 몰래 도망가려 한다는 첩보를 입수한 후 중대한 결단을 내렸다. 병사들이 도망가지 못하도록 타고 온 배에 구멍을 뚫어 침몰시킨 것이다.

코르테스가 고의로 배를 침몰시켰다는 것을 알아챈 병사들은 크게 동요했지만, 돌아갈 수단이 사라져버리자 아즈텍을 정벌하겠다는 목표 아래 하나로 뭉치기 시작했다. 그리고 아즈텍으로 진군을 시작한 병사들은 그 어느 때보다도 용맹하게 싸웠다. 여기에 아즈텍 황제의 실정까지 겹치면서 고작 500여 명의 군대가 600만 명의 인구를 자랑하는 아즈텍 문명을 굴복시키는 어이없는 일이 일어났다.

코르테스가 배를 불태운 것은 경제학의 게임 이론(Game

Theory)에 나오는 '다리 불사르기(Burning one's bridge) 전략'과 같다고 할 수 있다. 일반적으로 우리는 선택지가 많을 경우 더 유리할 것이라고 생각하기 쉽지만, 오히려 스스로 선택의 기회를 없애는 것이 더 유리할 때가 많다.

우리를 유혹하는 마케팅 기법은 수천 년 동안 우리의 통제력을 무너뜨리기 위해 정교하게 진화해왔다. 만일 이 같은 유혹과 싸울 때마다 반복적으로 마인드컨트롤을 해야 한다면 그것 자체가 피곤하고 귀찮은 일이 되어, 결국 소비의 유혹에 굴복하게 될 것이다.

이를 막기 위해서는 스스로 과도한 지출을 하거나 빚을 지는 선택의 기회 자체를 없애는 자동화된 예산 통제 시스템을 만드는 것이 좋다. 즉, 지출로 이어지는 선택의 기회를 줄이고 저축으로 자연스럽게 연결되도록 만듦으로써, 지출은 가급적 불편하게, 또 저축은 쉽고 편하게 자동화된 시스템을 구축하는 것이 중요하다.

통장 나누기! 지출 통장과 저축 통장

이를 위해 가장 먼저 해야 할 일은 월급 통장을 지출 통장과 저축 통장, 이렇게 두 개로 나누는 것이다. 미국에서 은행 계좌를 신청하면 보통 각종 지출이 이루어지는 당좌 계좌(Checking account)

와 돈을 모아두는 용도의 저축 계좌(Saving account)를 동시에 만들어준다. 이 때문에 미국에서는 은행 거래를 시작하는 것과 동시에 지출 통장과 저축 통장으로 분리가 된다.

하지만 우리나라에서는 지출과 저축 통장을 분리하는 게 그리 익숙지 않다. 만일 지출과 저축 통장을 분리하지 않으면 여러 가지 다른 성격의 돈이 섞여서 은행 잔고가 들쭉날쭉하게 변하게 된다. 특히 일시적으로 잔고가 늘어나면 이를 여윳돈으로 착각해 지출을 늘리는 경우가 적지 않다. 이 같은 현상을 막으려면 통장을 지출과 저축 통장으로 분리하고, 지출 통장의 잔고를 엄격히 관리해야 한다.

이때 지출 통장은 기존의 월급 통장을 그대로 활용하는 것이 유리하다. 지출 통장은 금리가 아니라 각종 수수료를 면제받을 수 있느냐가 훨씬 더 중요한데 대체로 많은 은행이 월급 통장에 다양한 면제 혜택을 주기 때문이다. 은행 수수료는 기껏해야 몇 백 원이라는 생각에서 무시하기 쉽지만 오랜 기간에 걸쳐 계속 수수료를 내면 큰돈이 된다는 점에 주의해야 한다.

만일 지금 쓰고 있는 월급 통장에 수수료 면제 혜택이 별로 크지 않다면, 월급 통장을 아예 다른 은행으로 옮기는 것도 한 방법이다. 예전에는 월급 통장을 옮기는 것이 매우 불편했지만 2016년부터는 금융결제원이 운영하는 '자동이체통합관리 서비스(www.payinfo.or.kr)'를 이용해 클릭 몇 번만으로 통장에 연결된 자동 이체를 한꺼번에 옮길 수 있어 매우 편리해졌다. 특히 은행 간 경쟁이 치열해지면서 월급 통장을 옮기면 금리 우대 등 각종 혜택을 주는 경우가 많기 때문에 이를 잘 따져보고 결정하는 것이 좋다.

머니 마켓 펀드
(Money Market Fund).
자산운용사가 고객들의
자금을 모아 금리가 높은 만기
1년 이내의 단기 금융 상품에
투자하는 초단기 금융 상품.

종합자산관리계좌(Cash
Management Account).
고객이 맡긴 예금을 어음이나
채권에 투자하여 그 수익을
고객에게 돌려주는 실적 배당
금융 상품.

이렇게 지출 통장을 결정한 다음에는 저축 통장을 만들어야 한다. 저축 통장은 입출금이 자유로운 통장 중에서 금리가 높은 상품을 택하면 된다. 저축 통장으로 적합한 금융 상품으로는 MMF나 CMA 등을 꼽을 수 있다. 하지만 종금형 CMA를 제외하면 예금자 보호가 되지 않고, 경제가 극단적인 위기 상황에 내몰리면 원금 손실 가능성을 완전히 배제할 수 없다는 단점이 있다.

이 같은 단점이 부담된다면 산업은행의 인터넷 전용 수시입출금 예금인 'KDB Hi 입출금 통장'을 저축 통장의 대안으로 생각해 볼 수 있다. 산업은행 수시입출금 예금의 금리는 MMF나 CMA와 큰 차이가 나지 않는데다 5000만 원까지 예금자 보호를 받을 수 있다. 더구나 산업은행은 국책은행이어서 예금자 보호가 아니더라도 국가 부도 사태가 아닌 이상 원금 손실 가능성이 거의 없다고 볼 수 있다. 단, 산업은행은 지점이 많지 않아 자신의 직장이나 집 주변에 지점이 없다면 다소 불편할 수 있다.

두 개의 통장, 200% 활용법

이제 지출 통장과 저축 통장, 이렇게 두 개로 통장을 나누었다. 그러면 이 두 개의 통장을 어떻게 활용해야 할까?

우선 월급 통장에 월급이 입금되면 그다음 날에 모든 공과금이 빠져나가도록 공과금 납부 날짜를 통일하는 것이 좋다. 그리고 제로베이스 예산을 통해 스스로 정해놓은 한 달 치 생활비만 남겨놓고 나머지 돈은 모두 저축 통장으로 옮겨야 한다. 그리고 이렇게 지출 통장에 남은 돈으로 한 달을 생활하는 것을 원칙으로 해야 한다.

만일 지출 통장에 남은 돈만으로는 생활비를 감당할 수 없다면, 그 원인을 분석하고 더욱 효율적으로 예산을 통제하거나 지출 통장에 남기는 돈을 늘리는 미세 조정을 해야 한다. 이런 방식으로 서너 달이 지나면 지출 통장에 얼마를 남겨야 할지가 더욱 명확해지고, 통장 나누기를 통한 지출 통제 시스템도 더욱 안정될 것이다.

그렇다면 저축 통장은 어떻게 관리하면 될까? 일단 저축 통장은 지출이 아닌 저축을 위한 통장이라는 점을 분명히 해야 한다. 그리고 여유 자금이 생기면 지출 통장에 놔두는 것이 아니라, 일단 저축 통장으로 옮기는 것을 습관화해야 한다. 그래야 불필요한 지출을 할 가능성을 낮출 수 있기 때문이다.

또한 저축 통장은 모든 투자가 시작되고 끝나는 중요한 관문 역할을 하게 된다. 정기적금이나 예금은 물론 외화예금, 펀드, 채권 투자 등을 하는 통장이며, 동시에 투자가 끝난 돈이 다시 모이는 통장이다. 특히 만기가 되어 목돈이 생겼을 때 곧바로 새로운 투자처를 찾지 못했다면, 일단 저축 통장에 돈을 모아두어야 이자 손실을 막고 충동적 지출을 억제할 수 있다.

이처럼 저축 통장은 모든 여윳돈이 모이는 동시에 투자의 관문이 되는 통장이기 때문에 통장 잔고가 들쭉날쭉하게 된다. 하지만 아무리 잔고가 크게 변동되더라도 반드시 지켜야 할 규칙이 있다. 최소한 3~4개월 치의 생활비는 반드시 비상금으로 저축 통장에 남겨놓아야 한다는 것이다.

일단 돈을 모아야 한다는 생각에 급급해 자칫 비상금의 중요성을 간과하면, 뜻하지 않은 지출을 해야 할 상황이 생겼을 때 손해를 보면서 장기 투자 상품이나 보험 상품을 해지하는 경우가 생길 수 있다. 이 때문에 아무리 좋은 투자처를 발견했더라도 반드시 최소한 3~4개월 치의 잔고를 남겨야 한다. 가족 구성원의 수가 많고 예기치 않은 지출이 많은 경우에는 5~6개월 치의 생활비를 남겨두는 것도 괜찮다.

이처럼 통장을 두 개로 나누는 것은 월급 생활자에 해당하는 이야기다. 만일 당신이 자영업자라면 사업 통장과 지출 통장을 분리하는 것이 중요하다. 즉, 최소한 사업 통장과 지출 통장, 저축 통장 등 세 개의 통장이 필요하다. 만일 사업 통장과 지출 통장을 분리하지 않는다면 사업에 따른 자금 흐름도 정확하게 파악할 수 없고, 지출을 통제하기도 어렵기 때문이다. 이 때문에 마치 월급을 받듯 사업 통장에서 지출 통장으로 옮기고 그 안에서 지출을 계획해야 한다.

시스템이 단순해야 실천할 수 있다

이렇게 통장을 나누는 것은 매우 간단한 것처럼 보이지만, 앞서 설명했던 게임 이론의 '다리 불사르기 전략'과 행동경제학(Behavioral economics)의 '넛지'가 함께 어우러진 전략이다. 복잡하고 정교한 시스템은 보기에는 좋지만 결코 성공할 수 없다. 특히 실천하는 것이 고통스럽고 힘들다면 결코 오래 지속할 수 없다. 남아프리카 공화국의 '희망 비누'처럼 실천하기 쉬워야 성공할 수 있다. 이 때문에 의도한 방향대로 자신이 행동하게 만들려면 시스템이 최대한 단순하고 쉬워야 한다.

　그런 의미에서 통장을 항목별로 너무 많이 쪼개는 것은 얼핏 그럴듯하게 보이지만, 실제로 실천하기는 매우 어렵다. 재테크 전문가 중에는 자신의 통장을 급여 통장, 생활비 통장, 저축 통장, 비상금 통장 등 네 개로 쪼개도록 권유하는 경우가 많다.

　심지어 여행 자금 마련을 위한 여행 통장, 자동차 구입 자금 마련 통장, 자녀 교육비 통장 등 각종 목적에 맞춰 주제별로 여러 통장을 만들어 관리하라고 조언하는 재테크 전문가도 있다.

물론 우리가 인공지능처럼 아무런 감정 없이 매번 실시간으로 정보를 파악하고 아무리 반복적인 일이라도 전혀 귀찮아하지 않는다면 이렇게 통장을 여러 개로 쪼개는 것이 더 좋은 전략일 수도 있다.

하지만 우리는 인간이기에 항상 자신의 재정 상황을 수시로 파악할 수 없는데다 모든 것이 빠르게 변하는 복잡한 세상에서 바쁘게 살아가는 현대인들에게는 너무 힘들고 번거로운 일이 되기 쉽다. 이 때문에 통장 관리가 복잡해지고 시간이 오래 걸리게 되면 오히려 돈 관리를 어려운 것으로 여기게 만들어 '빚테크'를 실천하기가 어려워진다.

쓴 돈과 모은 돈을 정확히 파악하라

만일 당신이 각 통장에 현재 얼마나 들어 있는지 정확하게 알지 못한다면, 빚테크를 효율적으로 하기가 쉽지 않을 것이다. 그런데 재테크 전문가도 아닌 일반인이 기본 통장만 네 개에다 각종 목적성 통장까지 관리하면서 그 통장에 얼마나 들어 있고, 얼마나 입출금을 했는지 매번 파악하여 관리하는 것은 현실적으로 어려운 일이다.

더구나 잔고 부족을 막기 위해 통장에 조금씩 돈을 남겨놓는다면 자칫 아까운 자금이 통장마다 분산되어 집중력이 떨어지고, 돈 낭비가 될 수 있다. 기본 통장 네 개에 목적성 통장 여섯 개를 보유하고 있다고 가정해보자. 만일 이 통장들에 평균 50만 원씩 잔고를 남겨두었다면 무려 500만 원의 돈이 흩어져 관리되지 않고 있다는 이야기가 된다. 자칫 효율적인 투자에 쓰일 돈이 낭비될 수 있는 것이다.

이 때문에 지출은 어렵게, 저축은 쉽게 만드는 시스템을 완성하는 게 최종 목적이라면, 지출 통장과 저축 통장 두 개면 충분하다. 통장을 여러 개로 나누는 것보다 두 개의 통장을 모든 재테크와 빚테크의 중심으로 효율적으로 관리해나가는 것이 중요하다.

이렇게 통장 분리까지 성공해 석 달 이상 지출 통제에 성공했다면 이제 남은 일은 완성된 시스템이 지속적으로 잘 굴러가도록 크고 작은 문제들을 트리밍(trimming)하는 것이다. 그리고 저축 통장에 모은 돈을 불리는 방법은 앞으로 5부에서 자세히 다루게 될 것이다.

지출은 최대한 불편하게!
굿바이 신용카드

빚 통제에 구멍을 만드는 신용카드

통장 관리를 했는데도 지출이 통제되지 않는다면 이는 당신이 쓰고 있는 신용카드 때문일 가능성이 크다. 신용카드는 소비에 대한 통제력을 무너뜨리는 강력한 마력이 있다.

　역대 국내 신용카드 중에서 소비자들에게 많은 혜택을 주어 큰 화제가 되었던 카드를 하나 꼽는다면, 2012년 출시된 KB국민카드의 '혜담카드'가 단연 으뜸이라고 할 수 있다. 혜담카드는 조금만 신경을 쓰면 신용카드 결제 금액의 10~20%를 할인받고 동시에 항공사 마일리지까지 챙길 수 있었다.

이렇게 황당한 혜택을 제공했던 이유는 KB국민카드가 KB국민은행에서 분사하는 과정에서 어떻게든 단기간에 시장 점유율을 높여야 한다는 강박증이 있었기 때문이다. 그 결과 자신들이 손해를 보면서까지 고객에게 할인 혜택을 제공하는 전대미문의 신용카드가 탄생한 것이다. 이 때문에 혜담카드는 신용카드 업계에서 최악의 실패작 중의 하나로 통한다.

손실이 급속도로 불어나자 KB국민카드는 신용카드의 혜택을 대폭 축소하려 했다. 하지만 금융감독원이 출시한 지 1년도 안 된 신용카드 혜택을 축소해서는 안 된다며 제동을 걸었다. 그 결과 KB국민카드는 1년 동안은 울며 겨자 먹기로 혜택을 유지하다가 정확하게 1년이 되자 갖가지 제약 조건을 만들어 사실상 신용카드의 혜택을 무력화시켰다.

그런데 이처럼 카드회사에 손실을 안겨준 신용카드가 과연 고객들에게 이득이 되었을까? 카드사가 제공하는 할인과 마일리지 혜택만 보면 고객들이 큰 이득을 보았을 것으로 생각하기 쉽다. 하지만 상당수 고객들이 카드 할인을 받기 위해 불필요한 소비를 하는 부작용을 겪었기 때문에 궁극적으로는 고객에게도 큰 도움이 되지 못했다.

신용카드를 쓸 때 할인받거나 마일리지가 적립되면 큰 이득을 보는 것으로 착각하는 경우가 많다. 그러나 혜담카드처럼 카드사가 손해를 볼 정도로 고객에게 혜택을 주는 카드는 결국 사라지기 마련이다. 신용카드 혜택은 카드사의 주요 수입원인 카드 수수료율보다 높을 수 없기 때문에 사실상 눈속임에 불과하다.

쓴 돈의 1%도 안 되는 신용카드 혜택

부가가치통신망(Value Added Network) 사업자. 가맹점과 카드사 간의 네트워크를 구축하여 카드사용 승인 중계와 카드 전표 매입 업무를 하는 부가통신 사업자를 말한다. 카드사를 대신해 단말기를 제공하고 승인 중계 업무를 하면서 수수료를 받는다.

2016년 현재 신용카드 수수료의 상한선은 결제 금액의 2.5%이고, 실제 가맹점 수수료율은 평균 1.9% 안팎으로 알려져 있다. 더구나 카드사는 밴(VAN)사*에 수수료도 지급해야 하기 때문에 신용카드 혜택은 자신이 지출한 금액의 1%를 넘어서기가 매우 어렵다.

결국 신용카드 혜택이란 결제 금액의 1%도 안 되는 보잘것없는 혜택을 온갖 마케팅 기법으로 그럴듯하게 포장한 것에 불과하다. 더구나 신용카드 혜택은 당신의 소비를 유도하기 위해 정교하게 설계되어 있기 때문에, 할인을 받으려다 오히려 돈을 더 쓰는 '소비의 함정'에 빠질 가능성이 크다.

또한 소득 공제 때문에 신용카드를 쓸 이유도 전혀 없다. 현금을 쓰더라도 현금영수증으로 소득 공제 혜택을 볼 수 있는데다, 체크카드가 신용카드보다 소득 공제율이 훨씬 더 높아졌기 때문에 더 이상 신용카드를 고집할 이유가 없다.

이제 신용카드는 우리 생활에서 떼려야 뗄 수 없는 존재가 되었지만, 사실 이렇게 된 것은 최근 일이다. 1999년까지만 해도 전체 민간 소비 지출 중에 신용카드 결제 금액은 고작 14.7%밖에 되지 않았다. 그런데 정부가 1999년 신용카드 소득 공제 제도를 도입하자 신용카드 결제 비율이 단 3년 만에 42.6%로 세 배 가까이 급증했다.

1990년 5조 3000억 원에 불과했던 신용카드 사용액은 불과 12년 만인 2002년에 623조 원을 돌파해 무려 118배로 늘어났다. 그 결과 많은 사람들이 신용카드의 마력에 중독되면서 2003년에는 수백만 신용불량자를 양산한 카드 대란 사태가 일어났다.

신용카드 사용액 급증과 함께 우리나라 가계 저축률도 큰 폭으로 추락했다. 한국은행 자료를 보면 신용카드가 본격적으로 도입되기 전인 1990년대 평균 가계 저축률은 19.8%였지만, 2000년대 평균 가계 저축률은 4.7%로 추락해 4분의 1 토막이 났다. 신용카드는 신용불량자 급증, 가계 부채의 증가, 그리고 저축률 하락이라는 화려한 신고식을 치르며 등장한 셈이다.

우리나라처럼 거의 모든 국민이 신용카드를 쓰는 나라는 매우 드물다. 2015년 한국인의 신용카드 보유율은 무려 88.7%로, 성인 열 명 중에 아홉 명이 신용카드를 갖고 있는 것으로 나타났다. 이에 비해 신용카드의 종주국이라고 할 수 있는 미국은 67%, 호주는 47%, 독일은 33%에 불과했다.

지출을 통제하는 가장 확실한 방법

빚테크 시스템의 가장 중요한 원칙은 지출은 불편하게, 저축은 쉽고 편하게 만드는 것이다. 그런 측면에서 신용카드는 너무나 쉽게 지출을 할 수 있는 수단이기 때문에 빚테크 시스템을 지켜나가는 데 매우 불리하다. 만일 스스로 빚과 소비에 대한 통제력이 떨어진다고 생각한다면 당장 신용카드를 없애는 것이 좋다.

만일 신용카드 대신 체크카드를 쓴다면 한 달 동안 얼마를 썼는지 자동으로 파악할 수 있기 때문에 씀씀이를 조절하기가 더욱 수월하다. 또한 지출 통장에 남겨놓은 돈만으로 한 달을 지내는 생활 습관을 기르는 데에도 도움이 된다.

이 같은 장점 때문에 최근 들어 체크카드로 바꾸는 사람들이 늘고 있다. 2009년에만 해도 신용카드 전체 발급 장수는 1억 700만 장으로 체크카드 발급 장수의 두 배 수준이었지만, 2015년에는 체크카드 발급 장수가 1억 1500만 장을 기록해 9300만 장대로 줄어든 신용카드를 가뿐히 제쳤다.

만일 체크카드로도 지출 통제가 어렵다면, 지출을 더욱 불편하게 만들면 된다. 신용카드보다는 체크카드가, 또 체크카드보다는 현금이 훨씬 더 불편하기 때문에 지출을 통제하는 힘도 그만큼 강력해진다. 자신의 선택 기회를 줄이는 '배를 불사르는 전략'은 빚이라는 강력한 적 앞에서 더욱 강한 힘을 발휘할 것이다.

노후 대비!
15% 룰을 지켜라

빚테크 목표는 안정적인 노후 생활

빚테크 시스템을 만든 후 중요한 것은 그에 대한 평가라고 할 수 있다. 평가를 위해서는 시스템의 성공 기준을 세워야 한다. 그런데 처음에는 의욕이 앞서 엄청난 목표를 세우는 경우가 적지 않다. 심지어 일부 재테크 전문가들은 무조건 번 돈의 50% 이상을 저축하라고 권하는 경우도 있다.

하지만 달성하기 어려운 목표는 오히려 쉽게 포기하게 만들 뿐이다. 이 과정에서 가족 구성원들의 불화까지 커진다면 돈보다 더 귀한 것을 잃어버릴 수도 있다. 따라서 빚테크의 최종 목표는 노후에도 안정적인 삶을 영위하는 것으로 잡고, 젊었을 때와 노후 생활의 적절한 균형을 추구하는 것이 합리적이다.

그렇다면 노후에 어느 정도의 소득이 필요할까? 일부 재테크 전문가들은 노후에도 은퇴 이전 소득의 70%가 필요하다며 젊었을 때 엄청난 금액을 저축하라고 강요한다. 하지만 이는 은퇴 직후인 60대에나 해당되는 이야기다. 70대가 넘으면 활동이 줄어들면서 젊었을 때 소득의 절반 이하로도 충분하다.

실제로 국민연금연구원의 조사 결과[5] 50대 연령층의 한 달 평균 생활비는 211만 원이었지만, 60대는 129만 원, 70대는 98만 원, 80대는 93만 원으로 급감하는 것으로 나타났다. 이처럼 연령대가 높아질수록 생활비 지출이 급격히 줄어드는 것은 우리나라보다 훨씬 노후 대비가 잘되어 있는 미국이나 독일 등 모든 선진국에서도 동일하게 나타나는 현상이다.

또한 은퇴가 늦은 우리나라에서는 60대에도 일을 하는 사람들이 적지 않다. 실제로 2014년에는 60~64세의 고용률이 57.2%를 기록해 56.8%인 20대 고용률을 처음으로 앞질러 화제가 되기도 했다. 이렇게 높은 고용률은 60대 초반 부부의 경우 두 명 중 한 명은 평균적으로 일하고 있다는 것을 뜻한다.

물론 하루빨리 돈을 모아 현 소득의 70%를 60세 이전까지 자산소득만으로 확보한다면 조기 은퇴가 가능하다. 70~80대가 되어 기본적인 생활비가 줄어들면 비교적 여유 있는 생활도 할 수 있을 것이다. 하지만 안타깝게도 최근 우리나라의 현실을 고려할 때, 평균적인 가계가 60세에 현역 시절 소득의 70%를 자산소득으로 확보하는 것은 상당히 어려운 일이다.

더구나 평범한 중산층이 이렇게 달성하기 어려운 목표를 좇으려면 결국 젊었을 때 극도의 내핍생활을 하는 방법밖에 없다. 하지만 노후에 풍요를 누리기 위해 현재의 행복을 포기하는 것은 현명한 행동이라고 보기 어렵다. 60대 고용률과 노후 생활비 등을 종합적으로 고려할 때, 65세 이후에 현역 시절 소득의 50%를 확보하는 것을 목표로 삼는 것이 합리적이다.

국민연금에 모든 것을 기댈 순 없다

어떻게 해야 젊었을 때 소득의 50%를 마련할 수 있을까? 국민연금에 가입한 경우에는 국민연금이 상당한 역할을 할 수 있다. 국민연금의 소득 대체율, 즉 연금 가입 기간 평균 소득 대비 연금 수령액은 40년 가입 기준 40%다. 하지만 우리나라 사람들의 국민연금 평균 가입 기간은 25년 정도로 실제 국민연금의 소득 대체율은 25% 정도를 기대할 수 있다.

여기에 기초연금의 소득 대체율이 10% 정도이기 때문에 국민연금과 기초연금을 합친 전체 공적 연금 소득 대체율은 35% 정도로 예상할 수 있다. 하지만 소득 상위 30%는 기초연금을 받을 수 없는데다 국민연금은 더 내고 덜 받는 개혁이 이루어질 가능성이 있기 때문에 공적 연금의 소득 대체율은 25% 정도로 보는 것이 합리적이다.

안타깝게도 이는 노후에 필요한 소득 대체율 50%의 절반밖에 되지 않는다. 유럽 선진국들의 경우 2012년 기준으로 공적 연금 소득 대체율이 대체로 47~65%에 이르기 때문에 공적 연금만으로도 최소한의 생활이 가능한 것과는 대조적이다. 이 때문에 우리나라에서는 국민연금에 가입했더라도 나머지 소득 대체율 25%p를 자신이 직접 채워야 한다.

노후를 위한 최소한의 저축, 15% 룰

이를 위해서는 30년 동안 소득의 15%를 노후 자금으로 차곡차곡 모으는 '15% 룰'을 지키는 것이 중요하다. 젊었을 때 소득의 15%만 모으고 연 1%대 초반 정도의 실질 수익률만 올리면 은퇴 이후에 25%의 소득 대체율을 채울 수 있기 때문이다. 앞으로 금리가 지속적으로 낮아지기 때문에 1%대 후반의 실질 수익률만 확보해도 성공한 투자라 볼 수 있다.

만일 당신의 은퇴까지 남은 시간이 30년이 안 된다면 어떻게 하면 될까? 예를 들어 10년 뒤에 은퇴가 예상된다면 지금까지 모은 노후 자금이 20년 동안 해마다 소득의 15%를 꼬박꼬박 모은 원리금만큼은 되어야 노후 대비가 되어 있다고 볼 수 있다.

지금 현재 노후 대비 수준이 기준에 못 미치면 자기 계발이나 인생 이모작을 통해 은퇴 시기를 늦추거나 남아 있는 근로 기간이라도 지출을 줄이고 저축을 늘려야 한다. 맞벌이를 시작하거나 투잡에 도전하는 등 어떤 방법이든 동원해야 한다. 막연히 두 손을 놓고 있다가는 노후 빈곤을 막을 방법이 없기 때문이다.

하지만 당장 노후 대비가 되어 있지 않다고 해서 뒤늦게 고수익 고위험 투자에 나서는 것은 결코 해답이 될 수 없다는 점을 명심해야 한다. 만일 은퇴를 앞두고 위험한 투자에 나섰다가 원금 손실까지 보게 되면 이를 복구할 기회조차 없다. 이 때문에 은퇴 자금은 반드시 안전하고 확실한 곳을 중심으로 운용 계획을 짜야 한다.

그런데 여기서 말하는 '15% 룰'은 온전히 노후 자금으로 저축하는 돈을 뜻한다는 점에 주의해야 한다. 만일 당신이 은퇴 이후 세계 여행을 계획하고 있거나 자녀에게 재산을 물려주려 한다면 '15% 룰'과는 별도로 저축을 늘려야 한다. '15% 룰'로 모은 노후 자금은 가급적 자신의 은퇴 생활을 위해 쓴다는 원칙을 명확히 해야 한다.

또한 공적연금의 혜택을 받을 수 없는 경우라면 '15% 룰'만으로는 부족하기 때문에 저축률을 더욱 높여 잡아야 한다.

성공적인 빚테크를 위한 4단계

빚테크 시스템을 시작해 노후를 위한 '15% 룰'이 지켜지고 있다면, 이제 최소한의 노후 생활 대비에는 성공했다고 평가할 수 있다. 이제 더 저축을 늘릴지 말지는 자녀 문제나 자신의 노후 계획, 그리고 현재 소비 생활의 만족도 등에 따라 결정하면 된다.

그런데 최근 나온 재테크 책들은 대부분 먼저 절약의 목표를 세우고, 극도로 내핍하는 근검절약을 강조하곤 한다. 심지어 번 돈의 절반 이상을 무조건 저축하고 나머지 돈으로만 생활하라고 하는 경우도 있다. 이렇게 달성하기 어려운 목표를 먼저 세우고, 여기에 자신의 생활을 억지로 끼워 맞추려고 하면 절약의 행로가 너무나 고통스러워진다.

이 때문에 빚테크는 '제로베이스 예산 수립 → 예산의 실제 집행 → 15% 룰로 평가 → 제로베이스 예산 재검토'의 순서로 진행하는 것이 좋다.

평범한 소시민에게 중요한 것은 일확천금을 얻는 것이 아니라 노후에 궁핍하지 않은 삶을 누리는 것이다. 이를 위해서는 과도한 목표를 세우는 것보다 달성할 수 있는 적정한 목표를 세우고 꾸준히 노력하는 것이 중요하다.

빚을 통제하는 힘,
자녀에게 물려줄 최고의 자산

빚에 허덕이는 에듀푸어

1인당 국민소득이 3만 달러에 육박하는 나라 중에 우리나라처럼 교육을 전적으로 사적 영역으로 떠넘긴 경우는 극히 드물다. 우리나라에서는 통계에 잡힌 사교육비만 한 해 19조 원에 육박해 GDP의 2%나 된다. 그런데 개인 부담은 이것만이 아니다. 공교육비 중에 개인이 부담하는 교육비가 GDP의 1.9%로 OECD 회원국 평균의 세 배나 된다.

이 때문에 우리나라에는 교육 빈곤층이라고 불리는 '에듀푸어'가 적지 않다. 현대경제연구원의 연구 결과, 빚이 있고 적자 상태에서 교육비 지출이 평균보다 높은 사람을 에듀푸어라고 정의할 경우, 전체 가구의 13%인 82만 가구, 305만여 명이 에듀푸어인 것으로 나타났다.[6] 이처럼 많은 사람이 에듀푸어라면 이는 우리 시스템의 문제다.

에듀푸어의 삶은 고통스러울 수밖에 없다. 에듀푸어의 교육비 비중은 무려 월평균 소득의 28.5%로, 금액으로는 87만 원에 이른다. 이들의 가계수지 적자는 소득의 22% 수준으로, 한 달에 약 68만 원이었다. 에듀푸어들은 교육비로 인한 적자를 메우기 위해 적금을 깨거나 보험을 해지하는 것은 물론, 나중에 갚을 희망조차 없는 막대한 빚까지 지고 있다. 이 같은 상황에서 에듀푸어들이 노후 대책을 세운다는 것은 불가능에 가까운 일이다.

사교육비의 한도를 미리 설정하자

에듀푸어들이 자녀 교육에 올인하는 이유는 무엇보다 가난의 대물림을 끊겠다는 절박함 때문이다. 우리나라는 대기업 정규직과 중소기업 비정규직의 임금 격차가 너무나 크다. 게다가 일단 비정규직으로 시작하면 정규직이 될 수 있는 길도 제한적이다. 이 때문에 교육은 한정된 대기업 정규직 자리로 가기 위한 티켓으로 전락한 지 오래다.

문제는 이들의 무리한 교육 투자가 자녀들의 미래를 보장하는 수단이 되지 못하고 있다는 점이다. 사실 사교육비에 의한 성적 향상 효과는 그리 크지 않다. 강창희 중앙대 경제학부 교수의 연구 결과, 사교육비 지출을 10% 늘릴 경우 국영수 세 과목의 평균 점수는 0.74% 오르는 데 그쳤다.[7]

그렇다면 에듀푸어들은 왜 이런 비효율적인 교육 투자에 모든 것을 쏟아붓는 것일까? 사교육비 지출 결정은 동료 집단에 영향을 받는 경우가 너무 많다. 더구나 교육의 특성상 투자를 한 뒤 그 성과를 확인하기까지 오랜 시간이 걸리기 때문에, 정확한 효과도 모른 채 너도나도 사교육 시장에 뛰어들고 있는 것이다.

더욱 안타까운 일은 부모 세대가 에듀푸어가 된 경우 가난의 대물림이 더 가속화될 수 있다는 점이다. 부모 세대가 교육 투자로 엄청난 빚을 진 상황에서는 자녀가 대학에 입학하더라도 값비싼 등록금과 생활비 부담 때문에 학자금대출을 받을 수밖에 없다. 이 경우 자녀가 빚을 지고 사회생활을 시작하게 되므로 평생 빚 상환에 신음하는 악순환의 고리에 빠질 수 있다.

이 같은 악순환에서 벗어나려면 자녀의 가능성과 자신의 재정적 상황을 종합적으로 고려해 교육 투자의 한도를 미리 설정해야 한다. 그렇지 않으면 주변 사람들에 휩쓸려 교육에 한없이 돈을 쏟아부을 우려가 있기 때문이다. 지나친 교육 투자는 자녀를 아끼는 길이 아니라 거꾸로 자녀의 미래를 위협하는 길이 될 수도 있다는 점을 명심해야 한다.

가난의 대물림을 끊으려면 빚 통제 방법을 가르쳐라

자녀가 사회에 진출하면 학교에서 배운 그 어떤 지식보다도 실생활에서 더 자주 접하게 되는 것이 바로 금융 상품이다. 돈에 관한 태도는 어릴 때 한번 형성되면 평생 바꾸기가 어렵기 때문에 어떤 교육보다도 중요하다.

특히 신용카드만 있으면 무엇이든 살 수 있다는 인식은 자연스럽게 낭비하는 습관으로 이어진다. 어린 자녀를 빚의 유혹에 쉽게 노출시키면, 훗날 그 자녀가 빚을 지는 것에 대해 무감각해질 수밖에 없다.

이 때문에 자녀가 필요한 물건을 살 때는 신용카드보다 현금을 직접 쓰도록 해서 돈이 자기 손에서 사라지는 모습을 확인하도록 하는 것이 좋다. 또 용돈 안에서만 소비하도록 유도하고, 미래를 위해 저축하는 습관을 만들어주어야 한다.

또한 자녀가 커나갈 때는 마이너스 통장이나 보험 약관대출, 대부업체 고리 대출 등의 유혹에 빠지지 않도록 금융회사와 금융 상품에 대한 올바른 이해를 심어주는 것이 좋다. 어렸을 때부터 형성된 '돈 쓰는 습관'과 '빚에 대한 태도'는 그 어떤 사교육보다 자녀의 미래를 좌우할 중요한 유산이 될 것이다.

즐기는 자만이
빚테크에 성공한다

고통스러운 빚테크는 반드시 실패한다

어느 화창한 토요일에 폴리 이모(Aunt Polly)는 톰 소여(Tom Sawyer)의 거듭된 말썽에 화가 치밀었다. 그래서 30m나 되는 긴 울타리를 톰 혼자서 페인트칠하라고 벌을 주었다. 톰은 흑인 노예 짐에게 자질구레한 잡동사니를 주면서 자기 대신 페인트칠을 해달라고 부탁했지만 보기 좋게 거절당하고 말았다.

그러다 문득 멋진 꾀가 떠오른 톰은 아주 재미있고 즐거운 표정으로 울타리를 칠하기 시작했다. 마침 지나가던 친구 벤이 페인트칠을 하는 톰을 놀리기 시작했다. 하지만 톰은 뜻밖의 대답을 했다. "일을 한다고? 나는 재미있어서 못 견디겠어. 우리 같은 어린이가 울타리에 페인트칠할 기회가 흔한 줄 아니?"

그 말에 넘어가기 시작한 벤은 페인트칠에 관심을 보였지만, 톰은 쉽게 페인트칠을 할 기회를 주지 않았다. 오히려 "폴리 이모가 굉장히 신경을 쓰셔서 안 돼. 이것을 솜씨 좋게 칠할 수 있는 어린이는 1,000명이나 2,000명 중에 한 사람밖에 없을 거라고 하셨어"라며 벤을 더욱 자극했다. 결국 벤은 자신이 가지고 있던 사과를 톰에게 주고 간곡히 부탁해서 간신히 페인트칠을 할 수 있는 영광을 얻을 수 있었다.

벤뿐만 아니라 뒤이어 나타난 아이들까지 모두 자신이 아끼는 물건을 톰에게 바치며 페인트칠을 하겠다고 너도나도 매달렸다. 결국 톰은 친구들이 준 선물을 챙겨서 나무 그늘에서 쉬면서 반나절도 안 되어 페인트칠을 마쳤다.

『톰 소여의 모험』의 저자인 대문호 마크 트웨인(Mark Twain)은 이 책에 다음과 같은 설명을 달았다. "톰은 남에게 일을 시키려면 그 일이 대단하다고 생각하게 만들면 된다는 위대한 법칙을 발견한 것이다."

1960년대까지만 해도 학계에서는 적절한 채찍과 보상을 하면 누구나 최선을 다한다고 생각했다. 하지만 인간의 심리는 그렇게 간단하지 않았다. 아무리 좋은 보상이 기다리고 있어도 톰 소여의 친구들처럼 자부심을 갖고 스스로 일하는 과정을 즐기지 않는다면 결코 최선을 다하지 못한다는 사실이 속속 드러나기 시작했다.

사실 빚테크 시스템으로 안락한 노후라는 멋진 보상이 기다리고 있다고 해도, 당장 그 시스템을 유지하기가 너무나 귀찮고 힘겹다면 결코 오랫동안 지속할 수가 없다. 이 때문에 빚테크처럼 평생 노력해야 하는 일은 톰 소여가 그 친구들에게 했던 것처럼 자기 스스로 대단한 일로 생각하며 즐겁게 하게 만드는 적절한 동기 부여가 반드시 필요하다.

마음을 바꾸면 결과도 달라진다

아무리 빚에서 해방되고 돈 걱정 없는 노후를 보장받을 수 있다고 해도 현재의 행복까지 모두 희생하는 방식이라면 결코 성공할 수 없다. 또 만일 성공한다고 해도 결국 아무런 인생의 보람을 느낄 수 없을 것이다. 더구나 가족 구성원이 함께 해야 하는 일인 만큼 나 자신만이 아니라 모든 가족이 자발적으로 최선을 다하게 만드는 동기 부여가 무엇보다 필요하다.

이를 위해서는 빚테크 시스템이 단지 먼 미래를 위해 고통을 분담하는 것이 아니라, 가족 모두가 보람과 자부심을 가질 수 있도록 성과의 일부를 활용해 가족 모두에게 적절히 보상하는 것이 중요하다. 빚테크 시스템에서 가장 중요한 것은 시스템의 정교함이나 수도사 같은 자기 절제가 아니라, 가족 모두가 '제대로' 즐기는 것이다.

먼 미래만을 위해 현재의 모든 것을 희생하다가 정신적 피로감에 지치게 되면 갑자기 멀쩡한 자동차를 바꾼다든가 값비싼 가구나 전자제품을 들여놓는 등 충동적인 지출을 하기 쉽다. 최근 지속적인 경기 악화로 가계의 주머니 사정이 나빠졌는데 오히려 '지름신'이라는 단어가 국립국어원 신어사전에 등재될 정도로 유행하게 된 것은 각박하고 힘든 환경이 오히려 이런 충동적인 지출을 유발하기 때문이다.

빛테크 시스템의 최종 목적이 가족 모두의 행복이라는 사실을 잊지 않는다면, 그것은 당신과 당신 가족의 미래를 지키는 든든한 버팀목이 될 것이다. 이제 빛테크 시스템으로 빛으로부터 자유를 얻었다면, 그다음은 이를 통해 모은 돈을 굴려 노후를 위한 준비에 나서는 것이다. 지금처럼 한 치 앞도 보기 어려운 상황에서는 매우 신중하게 돈을 굴려나가야 한다.

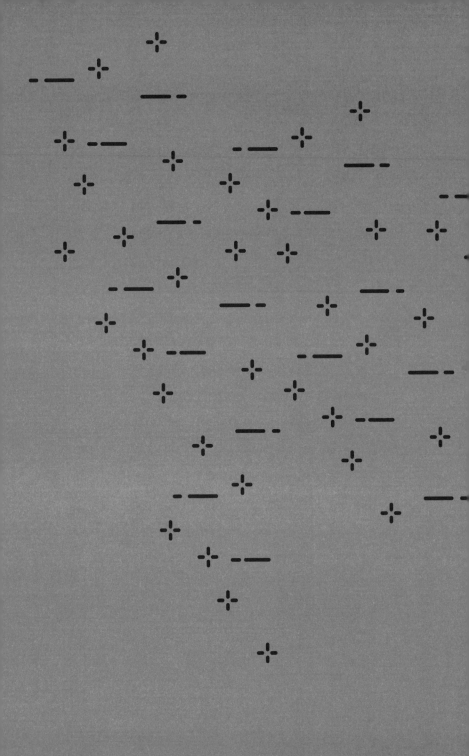

금리 1% 시대의
재테크 전략

저금리 시대,
어떻게 돈을 굴릴 것인가

부동산 vs 예금, 과연 승자는?

압구정동 신현대 아파트 118㎡형(35평형)은 부의 상징으로 여겨질 만큼 집값이 급등했다. 1990년 3억 5000만 원이었던 이 아파트 가격은 2016년 상반기에 최고가가 16억 2000만 원으로 26년 만에 무려 4.6배나 뛰어올랐다. 이 같은 아파트 값 폭등을 보면 은행에 그냥 돈을 맡겨둘 것이 아니라 진작 부동산을 샀어야 했다고 후회할지 모른다. 하지만 그 후회는 근거가 있는 것일까?

같은 아파트 단지라고 하더라도 집 크기가 크면 집값 상승률이 떨어졌다. 1990년 당시 신현대 아파트 197㎡형(60평형)는 7억

5000만 원 선이었지만 2016년 상반기에는 최고가가 26억 7000만 원으로 26년 동안 3.6배가 됐다. 그나마 신현대는 대형 아파트 중에서는 많이 오른 편에 속한다. 방배동 신동아 아파트 199㎡형(60평형)은 1990년에 7억 원을 돌파했는데, 2016년 상반기 최고가는 14억 원으로 26년 동안 두 배도 되지 못했다.

강남 지역 아파트 값은 다른 어떤 지역보다도 가파른 상승세를 기록하며 지난 26년 동안 대체로 2~4배로 치솟았다. 그런데 만일 같은 기간 동안 정기예금을 들었다면 어떻게 됐을까? 한국은행 통계를 토대로 계산한 결과, 1990년에 정기예금을 들었다면 세전 수익률을 기준으로 원금의 네 배가 된 것으로 나타났다.●

●
정기예금은 평균
금리를 적용했고,
아파트 값과 정기예금
모두 세전 수익률을
기준으로 계산했다.

물론 우리나라는 부동산 투자로 번 돈보다 은행 이자로 번 돈에 더 많은 세금을 물려왔기 때문에 세후 수익률 면에서는 아파트 투자 수익률이 더 유리했을지 모른다. 하지만 이 같은 세전 수익률 비교는 강남 아파트 투자가 은행 예금보다 월등한 수익을 거두었을 것이라는 우리의 편견을 충분히 깨고도 남는다.

1980년대 후반의 집값 폭등기에 대입해보아도 결과는 마찬가지였다. 2013년 한국거래소는 1983년부터 2013년까지 30년 동안의 데이터를 활용해 강남 아파트와 은행 예금뿐만 아니라 다양한 금융 상품의 투자 수익률을 비교해보았다.[1] 1983년에 같은 금액의 돈을 강남 아파트와 채권, 주식, 예금, 금에 각각 묻어두었다고 가정하고 30년 뒤 얼마나 되었을지를 비교한 것이다.

1983년에 1억 원을 가지고 강남 아파트를 샀다면 30년 뒤인 2013년에는 평균 4억 2000만 원이 된 것으로 나타났다. 우리는 값이 가장 많이 오른 대표적인 아파트 단지만 기억하는 왜곡된 편향성을 갖고 있다. 따라서 전체 강남 아파트의 평균 상승률은 그보다 떨어질 수밖에 없다.

그런데 같은 기간 동안 동일한 1억 원을 정기예금에 묻어두었다면 세전 수익률을 기준으로 무려 7억 7700만 원이 된 것으로 나타났다. 더구나 같은 1억 원으로 채권을 구입했다면 무려 16억 1100만 원이나 된 것으로 나타났다. 강남 아파트의 가격 상승률이 예금이나 채권 수익률을 가뿐하게 따돌렸을 것이라는 우리의 상식은 여지없이 빗나간 것이다. 도대체 어떻게 된 일일까?

그동안 우리나라 집값이 크게 뛰어오른 것은 맞지만, 당시에는 예금 금리도 상상을 초월할 만큼 높았다. 1980년 1년 만기 정기예금 금리는 연 24% 정도로,[2] 3년만 은행에 맡기면 세전 수익을 기준으로 거의 두 배로 불어났다. 더구나 5년 만기 재형저축의 금리는 무려 연 36.5% 로 이자 소득세 면제는 물론, 심지어 소득공제까지 해주었다. 당시 집값이 아무리 빨리 올랐다고 해도 재형저축 금리를 따라잡는 것은 불가능에 가까웠다.

5년 만기 재형저축 금리는 처음 도입당시였던 1976년 연 28.1%였다가 1980년 초반에는 30%대로 높아졌다. 특히 1980년에는 한 때 최고 연 41.6%를 기록하기도 했다. 그러다 1990년대에는 10%대로 점차 낮아졌다.

세계적인 투자자인 워런 버핏의 지난 50년 동안의 연평균 수익률이 21.6%였다. 이 정도 수익률로 그는 세계적인 거부가 되었는데, 1980년 우리나라에서는 은행에 정기예금만 들어도 워런 버핏을 능가하는 수익률을 누릴 수 있었다.

시간이 가면서 금리가 하락하기는 했지만 1990년대에도 연리 10%가 넘는 예금을 찾는 것은 어려운 일이 아니었다. 사실 당시에는 아파트뿐만 아니라 예·적금을 들든 채권을 사든 오랫동안 유지하기만 하면 큰돈을 벌 수 있었다.

아파트가 예·적금이나 채권보다 유리한 부분은 아이러니하게도 환금성이 떨어진다는 점이었다. 정기예금이나 재형저축은 만기가 되어 목돈이 들어오면 아무래도 돈을 쓰고자 하는 경향이 커지기 마련이다. 하지만 집은 일단 내 집을 마련하게 되면 쉽게 팔지 않기 때문에 자연스럽게 장기 보유를 하는 경우가 많았다. 이 같은 역설적인 상황 덕분에 예금보다 부동산으로 돈을 벌 수 있었던 것이다.

이자가 낮다고 예·적금을 무시하지 마라

이제 고금리 시대가 끝나고 저금리 시대로 접어든 만큼 예·적금은 과거와 달리 별 볼일 없게 된 것일까? 금리와 집값은 일반적으로 금리가 내려가면 부동산 가격이 올라가는 음의 상관관계

(Negative correlation)를 갖고 있는 것으로 알려져 있다. 중앙은행이 인위적으로 금리를 인하하는 동안에는 부동산 가격이 오르는 경향이 나타나는 것은 사실이다. 하지만 저금리 상태에 오랫동안 머물러 있다고 해서 부동산 가격이 지속적으로 오르는 것은 아니다.

오히려 시장 금리는 장기적으로 투자 수익률을 종합해 반영하게 된다. 만일 높은 수익률을 낼 수 있는 투자처가 많다면 너도나도 돈을 빌려 시장 금리가 높게 유지되겠지만, 반대로 아무리 투자해도 돈을 벌 곳이 없다면 돈을 빌리려는 사람들이 줄어 금리도 낮은 수준에 머물러 있게 된다. 장기 불황에 빠진 일본이 초저금리를 유지했지만, 집값은 1991년 이후 무려 14년 동안 지속적인 하락세를 보였던 것이 그 대표적인 사례다.

이 때문에 안정성까지 고려한다면 예·적금은 저금리 시대에도 결코 무시할 수 없는 투자 방법이다. 일본 은행의 예금 금리가 0%에 가까운 상황에서도 예·적금에 돈이 몰리는 것은 바로 이 때문이다.

특히 아직 돈의 흐름을 파악하지 못한 초보 투자자라면 저금리라는 이유만으로 위험 자산에 대한 투자를 서두르기보다 일단 예·적금을 기반으로 종잣돈을 모으는 것이 중요하다. 지금과 같은 저수익 시대에는 섣불리 투자에 나섰다가 단 한 번만 돈을 잃어도 좀처럼 그 손실을 만회하기가 쉽지 않기 때문이다.

수익률을 최대한 끌어올리는 예·적금 전략

예·적금은 가장 쉽고 친숙한 저축 방법이긴 하지만, 그 안에서도 수익률을 최대한 끌어올리는 방법이 있다. 특히 금리 하락기냐 인상기냐에 따라 예·적금 전략은 완전히 달라진다.

우선 금리 하락기에는 고정 금리를 보장하는 적금 중에 만기가 긴 자유적립식 상품에 충분히 가입해두는 것이 좋다. 일단 가입만 해두면 불입 여부는 시장 상황을 봐가면서 판단할 수 있기 때문이다.

필자의 경우 2013년 한국은행의 연속적인 기준 금리 인하로 저금리 기조가 시작됐다는 판단이 들자, 한 시중 은행 창구를 찾아가 3년 만기 자유적립식 정기적금 상품에 가입했다. 당시 필자가 가입했던 적금은 금리가 연 4.5%였고, 한 달 불입할 수 있는 최대 한도가 1000만 원이었다. 이 상품 덕분에 예금 금리가 이미 1%대 중반으로 떨어진 2016년 중반까지 연 4.5%라는 고금리 혜택을 누릴 수 있었다.

하지만 반대로 금리가 올라가는 상황에서는 장기 적금 상품보다 비교적 만기가 짧은 1년짜리 정기예금이나 정기적금을 매달 또는 매 분기마다 연속적으로 가입하는 것이 더 낫다. 그러면 금리가 인상되는 것에 맞추어 점차 높은 금리로 옮겨갈 수 있기 때문에 금리 손실을 피할 수 있다.

매달 정기적금을 가입해 불입액을 늘려나가는 '풍차 돌리기'● 적금 가입 방식도 이에 속한다고 할 수 있다. 일부 재테크 전문가들이 금리 인상기나 인하기에 관계없이 풍차 돌리기식 적금 가입 방식을 권하는 경우가 있지만, 금리 인하기에 풍차 돌리기를 하면 금리 측면에서 손해를 보게 되기 때문에 주의해야 한다.

● 풍차 돌리기의 전형적인 방법은 매달 일정한 금액을 불입하는 적금에 가입하는 것이다. 예를 들어 첫 달에 10만 원씩 불입하는 1년 만기 적금에 가입하고, 그 뒤 매달 10만 원씩 불입하는 새로운 적금에 가입하면 1년 뒤에는 한 달에 10만 원씩 불입하는 열두 개의 적금 통장이 완성되어 120만 원씩 저축하게 된다.

예·적금은 안전하게 종잣돈을 만들 수 있는 좋은 방법이지만, 대신 만기에 목돈을 찾게 되면 인간의 특성상 돈을 쓰고 싶은 욕구가 커질 수밖에 없다. 이 때문에 어렵게 모은 종잣돈을 허투루 쓰지 않으려면 노후 보장이나 내 집 마련, 결혼 준비 등 돈을 모으는 장기적인 목표를 확고히 해두어야 한다.

또 예·적금에 못지않게 눈여겨봐야 할 것이 바로 채권이다. 우리나라에서는 채권 투자가 일반인들에게 큰 관심을 끌지 못하고 있지만, 선진국에서는 노후 대비를 위한 유용한 투자 대안이 되고 있다.

하지만 일반 투자자가 채권에 직접 투자하기는 그리 쉽지 않기 때문에 국공채와 초우량 기업 채권에 투자하는 채권형 펀드가 대안이 될 수 있다. 특히 금리가 하락하는 시기에는 채권 값이 오르므로 이 같은 채권 투자에 더욱 관심을 가져볼 필요가 있다.

STRATEGY 2

투자의 성패는
자산 배분에 달려 있다

안전자산과 위험자산을 구분하라

건물을 지을 때 기초가 되면서도 가장 중요한 것이 바로 설계다.
설계가 잘못되면 나중에 아무리 뛰어난 최첨단의 건축 기술을
도입해도 결코 좋은 건물을 지을 수 없다. 사실 돈을 굴리는 것도
이와 비슷하다. 자산을 어떻게 배분할지 결정하는 것만으로도
사실상 재테크의 80%가 끝난다. 일단 포트폴리오를 구성해놓은
다음에는 수익률에 따라 자산을 재조정하면 된다.

그렇다면 자산 배분은 어떻게 해야 할까? 우선 가장 먼저 할
일은 투자 대상을 모두 나열한 뒤, 이를 그 성격에 따라 안전자산

과 위험자산으로 나누는 것이다. 안전자산에 포함될 투자 대상은 대체로 가격 변동이 적고, 파산이나 채무 불이행의 위험에서도 비교적 자유로운 자산이라고 할 수 있다.

가장 대표적인 안전자산은 현금과 언제든 현금화할 수 있는 예·적금이다. CMA나 MMF 같은 상품은 원금 손실을 볼 수도 있지만 그 가능성이 매우 낮아서 안전자산으로 분류할 수 있다.

국공채는 물론, 적절하게 위험이 분산되어 있는 채권형 펀드도 안전자산으로 볼 수 있다. 비록 금리 인상기에는 일시적으로 손실을 볼 수 있지만, 장기간 보유할 경우에는 대체로 안정적인 수익을 확보할 수 있다. 하지만 금융 위기와 같은 상황에서는 CMA나 MMF, 채권형 펀드도 원금 손실을 볼 수 있기 때문에 마음을 놓아서는 안 된다.

위험을 최소화하는 외화예금 전략

안전자산으로 검토해볼 수 있는 또 다른 자산은 바로 외화예금이다. 선진국에서 외화는 대표적인 위험자산으로 분류한다. 환율만큼 급변하면서 예측하기 어려운 것이 없기 때문이다. 그러나 우리나라는 외화를 무조건 위험자산으로 분류하기에 어려운 측면이 있다. 국제적 관점에서 볼 때, 원화야말로 대표적인 위험자산에 속하기 때문이다.

실제로 우리나라와 큰 연관이 없는 나라에서 경제 위기가 일어나도 엉뚱하게 우리나라 원화 가치가 폭락하는 현상이 거듭 반복되어왔다. 더구나 외국인 투자자가 주식이나 채권을 조금만 내다 팔아도 원화 가치가 크게 흔들렸다. 따라서 글로벌한 시각에서는 상대적으로 원화에 비해 안정적인 달러나 엔화를 안전자산으로 보고, 어느 정도 자산에 편입해둘 필요가 있다.

●
엄밀히 말하면 '환전 수수료'가 아니라 '환율 스프레드(spread)'이지만 이해하기 쉽도록 환전 수수료라고 표현했다.

단, 외화를 사고팔 때는 상당한 환전 수수료●를 내야 하기 때문에 거래에 신중해야 한다. 특히 은행에서 달러 현찰을 직접 사면 운송 및 보관 비용이 발생하므로 수수료가 높아질 수밖에 없다. 이 때문에 외화예금이 목적일 경우에는 달러 현찰을 직접 주고받지 않는 '전신환 매매율'●로 거래하는 것이 환전 수수료를 아끼는 방법이다.

●
전신환은 전신으로 결제가 이루어지기 때문에 우송 등의 기간이 없어 이자가 발생하지 않고, 현물을 다루는 비용도 없기 때문에 거래 수수료의 개념만 적용되어 수수료가 낮게 책정된다.

또한 환전 수수료는 창구 직원의 재량에 따라 크게 좌우되기 때문에, 그야말로 '말만 잘하면' 최고 70%까지 할인받을 수 있다. 그러니 외화를 살 때는 평소 거래가 많았던 은행을 찾아가 당당하게 수수료 할인을 요구해야 한다. 또 단골 고객일 경우 몇 가지 조건을 충족하면 인터넷 환전을 통해 80~90%의 환전 수수료를 할인받는 방법도 있다.

외화 자산을 확보하려면 특정 시점에 대량 환전하기보다 적립식 투자를 하듯 서서히 환전하는 것이 좋다. 환율은 세계 여러 나라의 경제 상황이 복합적으로 맞물려 결정되기 때문에 어떤 경제 변수보다도 예측이 어렵다. 골드만삭스 같은 세계적인 투자은행도 2016년 초에 유로화 전망을 연속으로 틀리는 바람에 망신을 당한 적이 있을 정도다.

따라서 환율의 미래를 섣불리 예측하려 하지 말고 환율의 등락에 관계없이 매월 일정액을 외화로 적립해나가거나, 언론에서 원화 강세나 엔화, 또는 달러 약세 우려를 쏟아내기 시작할 때 집중적으로 엔화나 달러를 분할 매수하는 것이 단순해 보여도 오히려 안정적인 포트폴리오 구성 방법이 될 수 있다.

부동산은 대표적인 위험자산이다

위기에 강하고 비교적 안정적인 흐름을 보이는 안전자산과 달리, 위험자산은 가격 변동성이 높고 파산이나 채무 불이행 등의 위험에 노출되어 있는 자산이라고 할 수 있다. 주식이나 투기 등급 채권, ELS 등의 파생상품, 원자재 펀드, 부동산 등이 대표적인 위험자산이라고 할 수 있다.

여기서 부동산을 위험자산으로 분류한 것에 대해 의아해하는 사람들이 적지 않을 것이다. 그동안 고수익을 안겨주었다고 해서 부동산을 안전자산으로 보아서는 안 된다. 지금까지 우리나라는 고성장, 고금리, 고물가 시대를 겪어왔기 때문에 부동산의 명목 가치가 지속적으로 상승했지만, 앞으로 저성장이 고착화되고 물가 상승률이 꺾이면 우리나라도 1990년대 일본이나 2007년 미국 등 다른 선진국들의 사례처럼 부동산 가격 하락 현상이 나타날 가능성을 배제할 수 없다.

위험자산으로 분류되는 자산은 대체로 기대 수익률이 높을수록 투자 위험도 올라가는 특성이 있다. 하지만 일부 위험자산 중에는 투자 위험만 높고 기대 수익률이 낮거나, 투자 위험이 너무 높아 도박에 가까운 자산도 적지 않다. 이런 자산은 일반 투자자들이 반드시 피해야 할 자산이라고 할 수 있다. 이 같은 자산의 종류와 특징에 대해서는 뒤에서 더 자세히 다룰 것이다.

이처럼 실제 투자에 앞서 자신이 투자할 수 있는 모든 자산을 안전자산과 위험자산, 그리고 반드시 피해야 할 자산으로 미리 나누어놓는 것은 매우 중요한 일이다. 그래야 안정성과 수익성을 고려한 투자 포트폴리오를 구성하고 투자 위험을 적절히 통제할 수 있기 때문이다. 그리고 실제 투자 대상은 자신이 잘 모르는 것보다 자신에게 익숙한 분야나 종목에서 고르는 것이 좋다.

안전자산과 위험자산의 투자 비중은?

안전자산과 위험자산의 투자 비중은 어떻게 하는 것이 좋을까? 인덱스 펀드(Index Fund)◆의 창시자이며 세계에서 가장 큰 뮤추얼 펀드 회사인 뱅가드(Vanguard Group)의 존 보글(John Bogle) 회장은 '100 − 나이 = 위험자산 비중'의 공식을 권장한다. 즉, 30세엔 전체 자산의 70%를 위험자산에 투자하고, 50세는 50%, 60세는 40%를 위험자산에 투자하라는 것이다.◆

◆ 목표 지수를 선정하고 이와 같은 수익을 올릴 수 있도록 운용하는 펀드.

◆ 우리나라에서는 전체 자산에서 거주용 부동산이 차지하는 비중이 매우 크다. 하지만 거주용 부동산은 투자 측면 보다 사용 가치를 누리는 측면이 더 크기 때문에 이를 투자 포트폴리오와 별도로 생각하고 포트폴리오를 짜는 것이 보다 합리적일 것이다.

존 보글 회장이 권유한 비율을 반드시 따를 필요는 없다. 하지만 위험자산의 투자 비중을 미리 정해놓는 것과 나이가 들수록 위험자산의 투자 비중을 줄여나가는 것은 매우 중요하다. 그런데 여기서 말하는 위험자산 비중은 일종의 최대치 개념으로 이해해야 한다. 30대라고 해서 언제나 전체 자산의 70%를 위험자산에 묻어두라는 뜻이 절대 아니다. 상황에 따라서는 현금성 자산으로 바꿔두었다가 기회가 왔을 때 미리 정해놓은 한도까지 과감하게 투자하는 것이다.

투자의 대가들은 모두가 사상 최악의 위기라며 공포에 빠졌을 때야말로 탐욕을 느끼며 위험자산 비중을 늘려야 할 때라고 말한다. 하지만 여기서 중요한 것이 있다. 그런 기회는 준비된 사람에게만 찾아온다는 것이다. 앞으로 절호의 기회가 찾아왔을 때 이를 놓치지 않으려면 지금부터 각종 자산의 성격을 철저하게 연구하고 투자할 대상을 선정한 다음, 자신에게 맞는 포트폴리오를 구성해놓아야 한다. 당신이 자산의 성격을 분류하고, 포트폴리오까지 구성했다면 이미 투자의 80%는 끝난 것이다.

지금 집을 사면
돈을 벌 수 있을까?

집값은 어떻게 움직이는가

2010년 말 배추 도매가격이 한 포기에 1만 1,100원이 넘어서 배
춧값이 금값이 됐다. 가격이 천정부지로 치솟자 음식점에서는
배추김치 대신 양배추김치가 등장할 정도였다.

이 같은 배추 파동을 겪은 농민들은 이듬해인 2011년에는 너
도나도 '돈이 되는' 배추를 심었다. 그러나 배추 공급이 폭증하는
바람에 산지 배춧값은 한 포기에 890원까지 폭락했다.

이 때문에 생산비용조차도 감당하지 못하게 된 농민들은 배추
를 출하하지도 못하고 밭을 그대로 갈아엎는 경우가 적지 않았

다. 이 같은 폭락을 경험한 농민들은 다시 이듬해인 2012년에는 배추 재배 면적을 크게 줄였다. 그 결과 배추 수확이 급감했고 배추 도매가격은 1만 3,300원을 기록하면서 2010년 가격을 넘어설 정도로 치솟아올랐다.

이렇게 배추 가격이 급등락을 하는 바람에 소비자와 농민 모두 큰 피해를 보았다. 그렇다면 왜 가격이 오르면 공급이 늘어나고 가격이 내리면 공급이 줄어드는 시장의 원리가 작동되지 않은 것일까? 그 이유는 배추를 심고 수확할 때까지 시차가 존재하기 때문이다. 즉, 배춧값이 폭등했다고 곧바로 공급을 늘리거나 폭락했다고 공급을 갑자기 줄일 수 없다는 뜻이다.

이 같은 현상을 수요공급 곡선에 표시하면 뒷 장의 그래프처럼 거미집 모양으로 나타나므로 경제학에서는 이를 가리켜 '거미집 모형(Cobweb model)'이라고 부른다.

그래프를 보면 배추의 가격은 수요곡선과 공급곡선이 만나는 ⓪에서 처음엔 균형을 이루고 있었다. 그런데 가뭄과 같은 외부 충격으로 배추 공급이 ①로 줄어들면 가격이 크게 올라 ②에서 배춧값이 결정된다. 그런데 그다음 해에 너도나도 배추를 심어 배추 공급이 ③으로 늘어나면 배추 가격은 다시 ④로 폭락한다.

배추를 심고 출하할 때까지의 시차로 인해 좀처럼 균형가격으로 가지 못하고 거미집 모양을 그리며 가격이 크게 변동하게 되는 것이다.

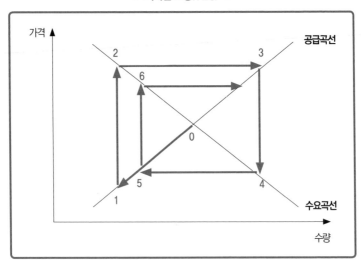

▶ **거미집 모형**(수렴형) ◀

더구나 수요공급이 균형으로 접근하다가도 외부 충격이 오면 또다시 거미집 파동을 그리며 가격이 크게 출렁인다. 이 때문에 일단 가격 파동이 시작되면 이를 진정시키기가 쉽지 않은 것이다.

정부가 만들어낸 인위적인 집값 파동

거미집 파동이 일어나는 대표적인 시장이 바로 아파트다. 아파트는 처음 부지 선정부터 입주까지 최소 3~4년이 걸리기 때문에, 아파트 가격이 올라도 곧바로 아파트 공급이 늘어나지 않는다.

202

이에 따라 아파트 공급 부족 현상이 지속되면 집값은 더욱 가파른 상승세를 보이고, 이를 노린 건설업자들은 아파트 분양 물량을 크게 늘린다.

그러나 3~4년 뒤 건설이 끝나 아파트 입주가 시작되면 이번에는 공급 물량이 넘쳐나면서 집값 하락 압력이 거세지고 주택 시장이 얼어붙는다. 그 결과 건설업자들이 아파트 분양을 포기하거나 연기를 하면 이번에는 분양 물량이 크게 줄어든다. 그러면 또다시 몇 년 뒤에는 공급 부족으로 아파트 가격이 급등하는 현상이 반복된다.

이렇게 집값이 급등락을 반복하는 거미집 파동이 일어나면 건설업자나 주택 수요자 모두 합리적으로 대응하기가 쉽지 않다. 건설업자 입장에서 당장 분양 가격이 올랐는데 주택 분양 물량을 줄이는 것은 불가능한 일이다. 또 아파트 가격 급등을 목격한 주택 수요자들은 불안에 사로잡혀 아파트 가격이 치솟을 때 집을 사게 된다.

실제로 1998년 이후 우리나라의 집값 변동은 이 같은 거미집 파동을 고스란히 재현하고 있다. 1998년부터 2000년까지 외환위기로 분양 시장이 얼어붙자 분양 물량이 크게 줄어들었고, 그 결과 2001년부터 집값이 폭등했지만 다시 분양 물량이 넘쳐나자 2004년에는 집값이 하락했다. 이처럼 분양 물량의 증감에 따라 1998년 이후 모두 네 차례에 걸쳐 집값이 상승과 정체를 반복하는 파동이 일어났다.

아래 그래프에서 보듯, 2016년 현재 우리나라의 부동산 시장은 외환 위기 이후 네 번째 파동을 겪고 있다고 볼 수 있다. 그런데 거미집 파동이었던 1~3차 파동과 달리 4차 파동은 정부의 융단 폭격과도 같은 부동산 부양책과 초저금리 정책으로 억지로 집값을 끌어올린 측면이 강하다. 따라서 이번 파동이 끝날 때는 이제까지의 그 어떤 파동보다 더 격렬하고 거대한 변화를 가져올 가능성이 크다.

▶ 전국 집값 변동률 ◀

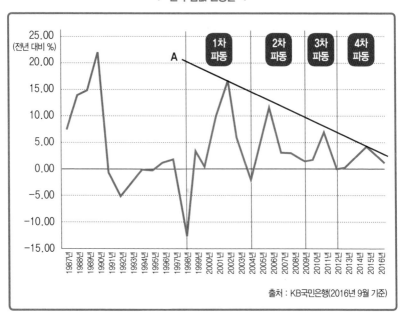

출처 : KB국민은행(2016년 9월 기준)

우리나라는 2000년부터 2014년까지 해마다 평균 27만 호의 아파트가 분양됐다. 그런데 2008년부터 2010년까지 글로벌 금융 위기의 여파로 분양 물량이 20만 호 안팎으로 크게 줄었다.

그 결과 3년 뒤인 2011년부터 2013년까지 입주 물량이 급감한 탓에 3차 거미집 파동이 일어났지만, 3차 파동은 지금까지의 어떤 거미집 파동보다도 미약했다.

그런데 2012년부터 부동산 가격이 하락세로 돌아설 조짐을 보이자 정부는 온갖 규제 완화와 세제 혜택은 물론, 저금리 대출 상품을 무더기로 쏟아내며 부동산 가격 회복을 위해 노력했다.

게다가 한국은행은 2012년 7월부터 금리 인하를 단행해 4년 만에 금리를 연 3.25%에서 연 1.25%까지 극적으로 낮추었다. 결국 4차 파동은 전대미문의 강도 높은 부동산 부양책이 만들어 낸 인위적인 파동인 셈이다.

2018년 전후로 아파트 입주 물량이 쏟아진다

이 같은 정부의 부양책으로 집값이 다시 상승세로 반전되자 시장에 왜곡된 신호를 주기 시작했다. 이미 입주 물량이 늘어 주택 공급 부족이 해소되고 있는 상황이었음에도 건설업자들이 분양 물량을 마구잡이로 쏟아내기 시작한 것이다.

그 결과 2015년에 분양된 아파트는 무려 52만 호로 급증해,

평균보다 두 배에 가까운 수치를 기록했고, 2016년 상반기에도 21만 호 이상 아파트가 분양되는 등 좀처럼 분양 물량이 줄어들지 않고 있다.[3]

이 같은 추이를 보았을 때 결국 2018년을 전후해서 아파트 시장의 수급 자체를 뒤흔들 만큼 엄청난 입주 물량이 쏟아져나올 예정이다. 이는 정부가 '200만 호 건설'을 내세우며 신도시를 조성했던 1990년대 이후 최대 입주 물량이 될 것으로 보인다.

이처럼 입주 물량이 쏟아져나올 때마다 집값이 요동치며 하락세를 보였던 것을 고려하면, 이번에도 입주가 절정에 이를 때쯤에는 주택 시장에 적지 않은 파장을 미칠 것이다.

더구나 이번에는 부동산을 둘러싼 경제 환경도 크게 달라졌다. 1990년대 '200만 호 건설' 당시 주택 보급률은 70%대에 불과했지만 지금은 100%를 훨씬 넘어섰고, 인구 1,000명당 주택 수도 두 배 가까이 늘었다.•

> • 통계청 자료에 따르면 인구 1,000명당 주택 수는 1995년 212호에서 2014년에는 385호로 늘어났다.

따라서 집이 절대적으로 부족했던 과거와 달리 지금은 공급이 조금만 초과되어도 집값에 큰 영향을 줄 수 있다. 게다가 2018년 이후에는 생산가능인구(15~64세) 비중이 급격히 감소하기 때문에 우리나라 역사상 처음으로 수요 측면에서도 집값 하락 요인이 발생하게 된다.

또한 4차 파동에서 집값을 끌어올렸던 가장 강력한 요인이었던 금리 인하도 2018년부터는 더 이상 작동되기 어렵다. 2012년 이후 무려 여덟 차례나 금리를 인하해 2016년 상반기 현재 기준 금리를 연 1.25%까지 끌어내린 상황이므로, 미국과의 금리 차를 생각하면 이제 금리를 내릴 여력은 기껏해야 한두 차례 정도에 불과하다. 이처럼 금리 인하 행진이 멈추게 되면 1200조 원을 돌파해 빠르게 불어나고 있는 가계부채가 부동산 시장을 압박하는 요인이 될 것이다.

또 한 번 집값이 오를까?

앞으로 남은 유일한 변수가 있다면, 그것은 바로 정부의 대대적인 부동산 부양책이다. 만일 2018년 이후 주택 공급 초과와 수요 부족으로 부동산 시장에 하락 압력이 가해지면, 정부는 온갖 수단을 동원해서라도 집값을 떠받치려 할 가능성이 크다. 하지만 이번에는 부동산 부양책 카드를 상당히 소진한 상태여서 집값을 떠받칠 정부의 여력은 예전에 비해 크게 제한적일 수밖에 없다.

집값은 하락 초기에 하방경직성이 강한데다 경기 변동의 후행 변수이기 때문에 뒤늦게 반응하는 특성이 있다. 이 때문에 실제 집값 하락으로 이어지기까지는 다소 시간이 걸릴 수 있다.

하지만 일단 집값 약세가 시작되면 주택 공급이 축소되어 다시 수요가 공급을 초과하게 될 때까지 부동산 시장의 불황이 지속된다. 이 때문에 지금까지 우리나라에서는 부동산 시장의 상승 사이클이 끝난 이후 대체로 3~6년 동안 집값 약세를 보였다.

이 같은 현상은 다른 나라에서도 마찬가지다. 미국의 경제학자인 카르멘 라인하트(Carmen Reinhart)와 케네스 로고프(Kenneth Rogoff)가 세계 66개국의 사례를 연구한 결과, 일단 금융 위기나 신용경색으로 부동산 시장의 불황이 시작되면 평균 6년에 걸쳐 집값이 하락한 것으로 나타났다.[4]

그러나 중요한 예외가 바로 20년 넘게 장기 불황을 겪고 있는 일본이다. 일본의 집값은 1991년 이후 무려 14년 동안 줄곧 하락세를 보이다가 2006년에야 회복세로 돌아섰다. 1991년 부동산 버블 붕괴와 생산가능인구 비중이 급감하는 인구 구조의 극적인 변화가 교묘하게 맞물렸기 때문이다.

그런데 우리나라 역시 2016년부터 생산가능인구 비중이 줄어들기 시작해 2018년부터는 상당히 빠른 속도로 진행되는 만큼, 이번 4차 파동이 끝난 이후의 우리 부동산 시장의 미래는 상당히 불투명하다.

물론 과거의 경험처럼 이번에도 3~6년 정도 정체 기간을 거쳐 단기간에 집값이 회복될 수도 있지만, 일본처럼 오랫동안 부동산 침체를 겪게 될 가능성 또한 배제하기 어렵다.

부자들이 부동산을 팔고 금융 자산을 늘리는 이유

여기서 또 하나 주목해야 할 것은 부유층의 자산 구조가 빠르게 변화하고 있다는 점이다. KB금융지주 경영연구소가 금융 자산이 10억 원 이상인 부자들의 자산 구조를 조사한 결과, 이들의 자산에서 부동산이 차지하는 비중이 2012년 59.5%에서 2016년에는 51.4%로 급격히 감소했다.

반면 같은 기간 동안 금융 자산은 35.6%에서 43.6%로 급증했다. 그 결과 부자들의 금융 자산 비중은 이제 국내 가계의 평균 금융 자산 비중인 26.5%에 비해 월등히 높아졌다.[5]

즉, 부자들은 4차 부동산 파동이 시작된 2012년 이후 부동산을 대거 정리하고, 금융 자산을 빠르게 늘려나갔다는 이야기다. 왜 갑자기 부자들이 그동안 애지중지해왔던 부동산 비중을 줄이고 금융 자산 비중을 늘렸는지, 그리고 왜 이제야 부동산 열풍이 서민과 청년 세대로 옮겨 붙었는지 신중하게 살펴볼 필요가 있다. 미래를 완벽하게 내다볼 수 없는 것은 누구나 마찬가지지만, 적어도 부유층은 만일의 사태에 대한 대비를 시작했다고 볼 수 있는 것이다.

특히 이번 4차 파동은 부동산 시장의 수급 여건에 의한 거미집 파동이라기보다 사상 초유의 부동산 부양책과 초저금리 정책이 만든 측면이 크기 때문에 더욱 주의 깊게 살펴봐야 한다.

만약 앞으로도 정부가 부동산 시장을 궁극적으로 안정시키는 대책이 아니라 무리한 단발성 부동산 부양책을 남발한다면, 4차 부동산 파동은 앞으로 우리를 한번도 가보지 않았던 새로운 불황의 길로 인도할 수도 있다.

　이 때문에 2010년대 말경에는 거미집 파동을 일으키는 분양 물량의 변화는 물론 인구 구조의 극적인 변화, 그리고 가계부채 급증 현상에 특히 주목해야 한다.

뉴노멀 시대,
집을 사는 기준이 바뀐다!

2000년 이후 약화된 집값의 상승 파동

집값이 끝없이 치솟아올랐다고 생각하는 우리의 통념과 달리 2000년 이후 집값 상승 파동은 계속 약화되고 있다. 실제로 앞에서 살펴본 '전국 집값 변동률' 그래프에서 집값 상승률의 고점을 직선으로 연결한 '직선 A'는 우하향하는 모습으로 나타난다.

그 이유는 2000년 이후 인구 1,000명당 주택 수가 급증하면서 주택 보급률이 크게 높아졌고, 급격한 고령화와 청년층 감소로 거미집 파동에 따른 충격이 예전보다 크게 약화되고 있기 때문이다. 더구나 집에 대한 선호가 줄어들면서 주택의 '가격 탄력성

(Price Elasticity)'[●] 이 서서히 커지고 있는 것도
그 이유 중의 하나다.

● 가격이 1% 변화했을 때 수요량은 몇 % 변화하는가를 나타낸 크기.
탄력성이 1보다 큰 상품의 수요는 탄력적(elastic)이라 하고, 1보다 작은 상품의 수요는 비탄력적(inelastic)이라고 한다.

우리나라의 집값 상승을 주도해왔던 베이비붐 세대(1955~1963년생)는 집에 대한 애착이 매우 컸다. 더구나 이들이 활동하던 시기에는 소득이 지속적으로 늘어났기 때문에 집값이 아무리 올라도 빚을 져서라도 일단 집을 사두려는 성향이 강했다. 따라서 집값이 급등해도 수요가 좀처럼 줄어들지 않았기 때문에 주택 수요의 가격 탄력성이 매우 낮았다.

그러나 집에 대한 애착이 컸던 베이비붐 세대도 은퇴를 앞두게 되면서 미래 소득이 불투명해지자, 과거에 비해 집값의 변화에 민감하게 대응하기 시작했다. 언제 은퇴해 소득이 줄어들지 모르는 상황에서 예전처럼 무턱대고 집을 사기는 쉽지 않기 때문이다.

더구나 새로 부동산 시장에 진입한 2030세대는 돈이 생기면 일단 집부터 사두었던 베이비붐 세대와 비교했을 때 집에 대한 애착이 크게 줄어들었다. 더구나 청년 세대는 앞으로 소득이 늘어날 것이라는 희망도 작기 때문에, 집값이 급등할 때 빚을 지고 무턱대고 추격 매수에 나서기도 쉽지 않다.

부동산 시장은 어떻게 움직일까?

결국 이 같은 시장 환경의 변화로 인해 우리나라의 부동산 시장은 아무리 가격이 올라도 좀처럼 수요가 줄어들지 않던 '가격 비탄력적 시장'에서 가격이 오르면 이에 맞추어 주택 수요가 줄어드는 '가격 탄력적인 시장'으로 변해가고 있다.

특히 베이비붐 세대의 은퇴가 시작되고 생산가능인구의 비중이 빠르게 줄어드는 2010년대 말부터는 이 같은 부동산 시장의 변화가 더욱 가속화될 전망이다.

주택 시장의 수요 탄력성이 커지면 거미집 파동에 따른 집값 급등 현상이 예전에 비해 약화될 것이다. 이에 따라 부동산 가격의 폭등과 짧은 정체 기간을 반복하던 과거의 부동산 가격 대세 상승기가 끝나고, 부동산 가격의 상승기는 짧고 미약한 대신, 오히려 정체나 하락기가 길어지는 부동산 시장의 '뉴노멀(New Normal) 시대'가 도래할 가능성이 커졌다.

● 시대 변화에 따른 새로운 표준을 뜻하는 말. 과거의 고성장 시대를 마감하고 저성장이 고착화되는 새로운 경제 질서를 의미한다.

이에 대해 일부에서는 청년 인구가 줄어들어도 1인 가구가 지속적으로 늘어나면 가구 수 증가로 주택 수요가 오히려 훨씬 더 늘어날 수 있을 것이라고 주장한다. 하지만 우리나라 1인 가구는 자발적 1인 가구라기보다는 낮은 소득으로 의한 비자발적인 1인 가구가 훨씬 더 많다. 따라서 새로 증가한 1인 가구의 상당수는 고시원이나 원룸, 다가구 등의 임대 수요층이 될 수는 있어도 값비싼 아파트의 매수 주체가 되기는 어렵다.

실제로 일본에서도 주택 버블이 꺼지기 시작한 1990년대 이후 1인 가구가 폭증했지만, 이들 중 대부분이 쉐어하우스(Share house)*나 원룸 같은 저렴한 주거 형태로 내몰리면서 26년 동안 주택 시장의 새로운 매수 주체로 자리 잡지 못하고 있다. 그 결과 일본에서는 1991년 이후 무려 14년 동안 지속적으로 집값이 하락했음에도 불구하고 아직까지 눈에 띄는 집값 반등이 일어나지 못하고 있다. 우리나라에서도 이르면 2010년대 말이나 2020년대 초반에는 이 같은 뉴노멀 현상이 가시화될 것이다.

* 많은 사람들이 한집에서 살면서 개인적인 공간인 침실은 각자 따로 사용하지만, 거실 화장실욕실 등은 공유하는 생활 방식.

뉴노멀 시대의 부동산 투자 전략

부동산 시장의 뉴노멀 시대가 시작된다면 앞으로 영원히 내 집 마련을 할 필요가 없게 될까? 물론 주택 공급 과잉으로 인한 집값 하락 사이클로 접어들었을 때는 주택 구매를 서두를 필요가 없다. 하지만 집값 하락 사이클이 끝나 일단 집값이 안정되기 시작하면 무조건 집을 사지 않는 것이 정답이라고 할 수는 없다.

이 책의 앞부분에서도 언급했듯이, 집값은 장기적으로 물가 상승률에 따라 움직이기 때문에 집값이 물가 상승률보다 더 빨리 오른 경우에는 결국 집값이 하락하지만, 반대로 집값이 물가보다 과도하게 떨어진 경우에는 언젠가 다시 반등해 물가를 따라잡게 될 것이다. 이 때문에 집값의 장기적인 변화는 물가 상승률에 달려 있는 셈이다.

더구나 앞으로 전세 제도가 완전히 사라지고 모두 월세로 전환될 경우에는 집을 사는 편이 빌리는 것보다 주거비 부담을 줄이는 길이 될 수 있다. 또한 앞으로 다가올 저금리 저수익 시대에는 주택 임대 사업이 비교적 안정적인 수입원으로 자리 잡게 될 것이다. 그러므로 예전과 같이 집값이 폭등하지 않는다고 해서 집을 살 이유가 완전히 사라지는 것은 결코 아니다.

현재 우리는 부동산 시장의 대전환기를 앞두고 있다. 지금까지 우리나라에서는 시세 차익을 노리고 집을 사는 경우가 적지 않았지만, 4차 부동산 파동이 끝난 이후 부동산 뉴노멀 시대가 시작되면 빚을 지고 무리하게 집을 살 이유가 사라지고, 시세 차익을 노린 투자보다 주거비 절감이나 임대 사업을 위해 집을 사는 경우가 더욱 늘어나게 될 것이다.

내 집 마련,
언제 어떻게 해야 하나?

집을 사려거든 주거비 총액부터 파악하라

집값이 끝없이 치솟던 시대는 이제 곧 끝날 수밖에 없다. 집값 상
승의 주역이었고 가장 큰 혜택을 받았던 베이비붐 세대는 이미
은퇴를 시작했고, 이를 떠받쳐줄 청년들의 숫자는 턱없이 부족
하다. 더구나 비정규직 시간제 일자리에 내몰린 청년들의 소득
으로는 천정부지로 치솟은 집값을 감당하기란 거의 불가능하다.

　더구나 2012년 이후 집값을 끌어올리는 데 큰 역할을 했던 정
부의 부동산 부양책의 효과도 점점 약화되고 있다. 이런 상황에
서 자신의 재정 상황에 비해 더 크고 좋은 집을 쫓던 과거의 투자

방식을 고집해서는 안 된다.

앞으로 집을 살 때는 주거비의 총액을 자신의 자산과 소득 수준에서 충분히 감당할 수 있느냐를 가장 먼저 검토해야 한다. 지금까지 우리나라에서는 부동산 구입을 투자로 생각해 주거비 부담을 과소평가해왔다.

하지만 우리가 거주하고 있는 집은 현금 흐름을 창출해주지 않는데다, 집을 보유하고 소비할 때 숨어 있는 비용도 만만치 않기 때문에 주거비 부담을 정확하게 파악할 필요가 있다.

주거비 총액 계산 시 고려해야 할 점

우리나라의 가구당 평균 순자산은 3억 원이 안 되지만, 비교의 편의를 위해 5억 원의 순자산을 가진 A 씨와 B 씨가 있다고 가정해보자. 그런데 만일 A 씨가 자신의 순자산 5억 원에 추가로 5억 원 대출을 받아 10억 원짜리 아파트를 산다면 A 씨의 주택 보유 비용은 얼마나 될까?

만일 A 씨가 연리 3.5%의 거치식 주택담보대출을 받았다면 1년 동안 1750만 원의 이자를 내야 한다. 그러면 대체로 주택 보유에 따른 비용이 단지 1750만 원뿐이라고 착각하는 경우가 많다. 하지만 이것이 끝이 아니다. 자신의 순자산 5억 원을 다른 곳에 굴렸을 때의 기회비용과 세금, 그리고 감가상각을 따져봐야 정확한 주택 보유 비용이 나온다.

만일 A 씨가 순자산 5억 원을 2016년 3월 기준 저축은행 최고 금리인 연 2.4%짜리 정기예금에 넣으면 세금을 제하고도 한 해 1000여 만 원을 받을 수 있기 때문에 그만큼의 기회비용을 포기한 셈이 된다.

더구나 공시가격에 따라 다소 차이가 있지만, 주택을 구입하면 대체로 250만 원 안팎의 재산세도 부담해야 한다. 여기에 아파트 건물에 대한 감가상각도 반드시 비용으로 고려해야 한다.

결국 이 같은 비용을 모두 고려하면 10억 원짜리 아파트를 사는 경우 관리비 등을 제외하더라도 1년에 3400만 원이 넘는 주거비가 든다. 웬만한 도시근로자의 연봉이 주거비로 들어가는 셈이다. 그나마 A씨의 경우에는 순자산이 5억 원이나 되었기 때문에 주거비가 절감된 편에 속한다. 만일 대출로 조달한 비중이 커지면 주거비는 훨씬 더 늘어나게 된다.

게다가 주택 구입 자금에서 빚으로 조달한 비중이 커지면 단순히 이자 부담이 늘어나는 데에 그치는 것이 아니라, 실직이나 사업 실패와 같은 개인적인 위기는 물론 신용경색이나 금리 인상 등 경제적인 충격에 더욱 취약해진다. 지금처럼 10년을 주기로 세계적인 금융 위기가 올 만큼 경제 환경이 불안한 상황에서는 자칫 치명적인 결과로 이어질 수 있다.

구분	A 씨의 주거비	B 씨의 주거비
5억 원 대출 이자	1750만 원	없음
5억 원 기회비용 (세후 이자소득)	1015만 원	1015만 원
재산세	250만 원	80만 원
감가상각	400만 원[6]	400만 원
합계	3415만 원	1495만 원

A 씨와 똑같이 순자산 5억 원을 가진 B 씨는 빚을 지지 않고 5억 원짜리 아파트를 사기로 마음을 먹는다. 이 경우 연리 2.4%의 저축은행 예금을 기준으로 했을 때 5억 원의 기회비용은 한 해 1000만 원 정도이고, 재산세는 80만 원 정도가 된다. 감가상각의 경우 비싼 아파트가 더 크겠지만, 비교의 단순화를 위해 비싼 아파트나 싼 아파트 모두 같다고 가정해보자. 이때 B 씨의 주거비는 1년에 1500만 원 정도로 A 씨보다 2000만 원 가까이 낮아진다.

집값이 항상 치솟던 거품 경제 시대에는 1년에 주거비 2000만 원 차이는 별것 아니었을지 모른다. 하지만 지금처럼 집값 상승이 정체되거나 하락하고 가계소득까지 정체된 상황에서는 시간이 갈수록 큰 차이를 만든다. 만일 2000만 원의 격차가 20년 지속된다면 무려 4억 원이 되고, 이 정도의 금액이라면 노후 생활에 큰 영향을 끼칠 것이다.

주거비를 줄이는 것이 최고의 절약

물론 B 씨와 같은 선택을 했다가 만일 집값이 폭등하면 나만 손해보는 것 아니냐는 두려움을 가질 수도 있다. 하지만 저성장 시대로 접어들면서 크고 비싼 집일수록 집값이 더 빨리 오르던 시절은 이제 끝났다.

또한 집값은 라이프사이클을 가지고 움직이기 때문에 오히려 싸게 산 집이 더 빠르게 오르는 경우가 적지 않다. 따라서 단지 집값 상승 때문이라면 자신의 형편에 맞지 않는 값비싼 집을 고집할 이유가 없다.

만일 자녀의 교육이나 남들의 시선 때문에 자신의 자산이나 소득을 넘어서는 값비싼 집을 고집한다면, 반드시 장기적인 시각에서 각종 금융 비용과 기회비용, 거래 비용까지 망라하여 주거비 차이를 계산해보고 그만한 돈을 지불할 가치가 있는 일인지 다시 한 번 생각해보는 것이 좋다. 주거비를 과소평가하면 과도한 지출을 할 가능성이 더욱 커지기 때문이다.

최근 가계소득이 정체되자 온갖 기상천외한 방법으로 절약에 나선 사람들이 많다. 하지만 그렇게 눈에 보이는 모든 지출을 통제하면서, 정작 가장 지출 비중이 큰 주거비에 자기도 모르는 사이 막대한 돈이 들어가고 있다는 사실을 모르는 사람들이 많다.

이처럼 주거비에 과도하게 지출을 하면 그동안 절약을 위해 했던 노력이 한순간에 헛된 일이 될 수도 있다. 뿐만 아니라 이러한 과소비 탓에 감당할 수 없을 정도로 많은 빚을 지게 될 경우 상황은 더욱 악화된다.

입주한 지 10년 안 된 아파트는 피해라

다른 조건이 모두 같은데 최신 건축 기법의 새 아파트와 20년이 넘은 낡은 아파트가 있다면 누구나 새 아파트에 살고 싶어 할 것이다. 하지만 지금은 아무리 좋은 새 아파트라 해도 시간이 갈수록 낡게 마련이고, 결국 오랜 세월이 흐르면 건물 가치가 완전히 사라져 땅값만 남게 된다. 이렇게 아파트 값은 나름의 라이프 사이클에 따라 변하게 되는 것이다.

대체로 새로 지은 아파트는 기반 시설과 주변 환경이 아직 열악한 경우가 많기 때문에 분양 초기에는 가격이 비교적 낮게 형성된다. 하지만 2~3년이 지나 주변 환경이 자리 잡히면 집값이 본격적인 상승세를 보이고, 6~8년 정도 되면 절정에 이른다. 그러나 10년이 넘어 아파트가 낡아지면 주변의 새 아파트에 비해 집값 상승세가 둔화된다.

그러다가 집을 지은 지 30년이 넘으면 재건축 가능 여부에 따라 집값의 향방이 크게 달라진다. 재건축 가능성이 있는 집은 30

년이 넘어서 오히려 집값이 오르는 현상이 나타나지만, 재건축이 어려운 아파트는 주변 아파트에 비해 가격이 정체되거나 하락하는 현상까지 나타난다.

이렇게 아파트 가격의 라이프 사이클을 고려할 때, 집을 살 가장 합리적인 시점은 언제일까? 우선 새 아파트를 사서 최상의 주거 환경을 누리고 싶다면, 분양을 받거나 재건축 직전의 아파트를 사는 것이 대체로 유리하다. 분양에서 입주까지 각종 리스크가 있는데다 금융 비용까지 있기 때문에 입주가 시작된 이후에 사는 것보다 저렴한 경우가 많기 때문이다.

또, 라이프 사이클상 아파트 가격이 바닥을 치는 시기는 아파트 건물이 낡아 감가상각이 최대한 적용됐지만 아직 재건축 논의가 되지 않은 아파트라고 할 수 있다. 이런 아파트를 사려면 재건축에 따른 경제적 실익이 큰 아파트, 즉 아파트 평형에 비해 대지 지분이 많고 재건축에 따른 이익이 저평가되어 있는 아파트를 사는 것이 좋다.

집값을 결정하는 핵심 요소, 대지 지분

재건축 여부를 결정하는 요인 중에 가장 중요한 것이 바로 대지 지분이다. 대지 지분은 아파트 단지의 전체 대지 면적을 가구별로 등기부에 표시한 면적이다. 우리는 아파트를 살 때 아파트가 몇 평형인지는 철저히 따져보지만 대지 지분을 잘 확인하지 않는 경향이 있다. 하지만 아파트가 오래될수록 아파트 평형보다 대지 지분이 집값을 결정하는 핵심 요소가 되기 때문에 반드시 주의 깊게 살펴봐야 한다.

오래된 아파트의 경우 대지 지분이 얼마나 중요한지를 보여주는 대표적인 사례가 바로 서울 강남구에 있는 개포 주공 1단지다. 개포 주공 1단지 36㎡형(11평형)의 가격은 2016년 5월 국토교통부 실거래가를 기준으로 무려 8억 2500만 원이나 된다. 1982년에 지은 낡은 아파트가 3.3㎡(1평)에 7000만 원도 넘는 가격에 거래되고 있는 것이다.

이렇게 가격이 고공 행진을 하는 원인은 바로 대지 지분에 있다. 아파트 평형은 36㎡인데 등기부 등본에 나와 있는 대지 지분은 무려 45.9㎡나 된다. 보통 새로 짓는 아파트들은 대지 지분이 아파트 평형의 3분의 1 정도에 불과하지만 개포 주공 아파트는 오히려 아파트 면적보다 보유한 땅의 넓이가 훨씬 더 넓다. 이렇게 대지 지분이 크면 재건축 시 이득을 볼 수 있기 때문에 재건축 논의가 본격화될수록 가격이 올라간다.

이와 대조적으로 대지 지분이 작은 경우에는 정반대의 현상이 생긴다. 특히 분양 평수에 비해 대지 지분이 극히 작은 주상복합 아파트가 대표적인 사례다. 한때 부의 상징이었던 서울 강남구의 타워팰리스 1차 220㎡형(67평형)의 대지 지분은 분양 평형의 고작 9분의 1인 24.3㎡(7.4평)에 불과하다. 이렇게 대지 지분이 작은 경우에는 재건축을 하기도 어렵지만 혹시 재건축을 해도 거의 실익이 없다.

이 같은 특성은 집값의 라이프 사이클에도 큰 영향을 미친다. 2002년 타워팰리스 220㎡형(67평형)의 분양가는 10억 원이었지만, 5년이 지난 2007년에는 30억 원까지 치솟았다. 그런데 아파트를 지은 지 10년이 지난 2012년부터 값이 하락하더니, 2016년 5월 현재는 국토부 실거래를 기준으로 집값이 19억 2000만 원까지 떨어졌다. 개포 주공을 비롯해 이 일대 아파트 가격이 대부분 2007년보다 높아진 것과는 대조적이었다.

아파트를 지은 지 오랜 시간이 지나면 아파트 건물은 낡아서 점점 가치가 사라지고 결국 대지 지분, 즉 땅의 가치만 남게 된다. 이 때문에 아파트를 사서 오랫동안 보유할 생각이라면 아파트 건물만 사는 것이 아니라 대지 지분도 함께 산다고 생각하는 것이 좋다.

지역의 인구 이동을 꼼꼼히 살펴라

집을 살 때 살펴봐야 할 또 다른 요소는 바로 인구 이동이다. 지금까지 우리나라는 전체적으로 생산가능인구 비중이 계속 늘어나는 추세였기 때문에 시도(市道) 간 인구의 유출·입이 관심 대상이 아니었다. 하지만 이제 생산가능인구 비중이 줄어드는 상황에서는 어느 시도가 생산가능인구를 많이 확보하느냐에 따라 부동산 가격이 큰 차이를 보이게 될 것이다.

특히 제주도의 인구 순유입과 집값 급등은 이 같은 현상을 극적으로 보여주고 있다. 제주의 경우 2005년에는 인구 순유출입이 -0.1%를 기록해 제주도를 빠져나가는 인구가 더 많았지만, 2010년 이후에는 제주도를 찾는 인구가 급격히 늘어나고 있다.

그 결과 2015년 제주도 주택 가격은 전국 평균 주택 가격 상승률보다 세 배나 높은 13.77%의 상승률을 보였다.[7] 만일 앞으로 제주도의 인구 순유입이 정체되거나 오히려 인구 감소 현상이 나타난다면 제주도 부동산 가격이 최고점에 가까워졌다고 보고 보수적으로 투자하는 것이 좋다. 이처럼 집을 살 때는 무엇보다 인구가 늘어나는 지역, 그 중에서도 특히 젊은 층 인구가 크게 늘어나는 지역에 주목할 필요가 있다.

우리나라 사람들에게 집은 너무나 중요한 자산이므로, 집을 살 때는 충동적 구매를 자제하고 많은 정보를 토대로 신중하게 생각해서 결정해야 한다. 애써 마련한 내 집의 가치를 지키려면 건축 시기와 대지 지분만이 아니라 인구 유출입은 물론, 주택의 입지 조건과 주택의 라이프 사이클까지 꼼꼼히 검토해야 한다.

가시 돋친 장미,
오피스텔·상가 투자

오피스텔 임대 수익률, 믿어도 될까?

2016년 4월 KB국민은행의 조사 결과, 전국 오피스텔의 임대 수익률은 무려 5.8%로 나타났다. 은행 예금 금리보다 4%p 이상 높은 것은 물론 대출 금리보다도 3%p 가까이 높은 수준이다. 지금과 같은 저금리 시대에 이 정도 수익률을 내는 자산은 찾아보기 어렵다. 그렇다면 오피스텔은 진정 황금 알을 낳는 거위일까?

오피스텔의 임대 수익률이 이처럼 높은 데는 다 이유가 있기 때문에, 수익률만 보고 오피스텔 투자에 뛰어들었다가는 큰 낭패를 볼 수 있다. 우선 오피스텔은 대지 면적에 대한 건축물의 연

●
대지 면적에 대한
건축물 연면적의 비율.
면적 비율인 용적률*이 매우 높고 대지 지분이 작아 재건축이 어려운 경우가 대부분이다.

더구나 오피스텔 세입자들은 대부분 단기 거주 목적이기 때문에 아파트 거주자보다 새 건물을 선호하는 경향이 훨씬 강하다. 따라서 일단 건물이 노후되면 세입자를 구하기 어렵고 임대료도 낮아져 오피스텔의 매매 가격이 빠르게 하락할 수 있다.

또한 오피스텔 임대료를 유지하기 위해서는 온갖 가전제품과 가구를 구비하고 정기적으로 교체해야 하기 때문에 유지비가 만만치 않다. 더구나 소형 아파트는 취득세가 1.1%인 반면, 오피스텔의 취득세는 4.6%나 되므로 사고팔 때의 세금 부담도 매우 큰 편이다.

오피스텔 투자의 가장 큰 리스크는 주변에 새로운 오피스텔이 대거 들어서는 것이다. 만일 새 오피스텔로 세입자들이 일시에 빠져나가면 임대 수익도 못 얻으면서 관리비만 내야 하는 답답한 상황에 처할 수도 있다. 이 때문에 오피스텔 투자는 20년 안에 투자 금액을 모두 회수하는 것을 목표로 해야 한다.

오피스텔 투자를 한 뒤에도 젊은 층 인구가 꾸준히 유입되는지, 또 젊은 층을 유인할 만한 주변 시설이 충분한지 등을 지속적으로 확인해야 한다. 만일 주변 상황의 변화로 공실률이 높아지거나 임대료가 낮아질 것이라는 판단을 내린 경우에는 오피스텔을 신속히 정리하는 것이 좋다.

이처럼 오피스텔 투자는 끊임없이 관리하고 정보를 모아야 하기 때문에 결코 쉬운 투자라고 하기 어렵다. 오피스텔 평균 임대 수익률 5.8%는 이 같은 노력에 대한 적절한 보상이라고 할 수 있다.

오피스텔 투자를 할 때 초보 투자자들에게 특히 위험한 것은 과장 광고에 속는 것이다. 일부 오피스텔 분양업자들은 '확정 수익률 15% 보장'이나 '2년 임대 보장' 등을 내세운다. 하지만 분양업자가 정말로 그렇게 높은 수익률을 낼 수 있다면 무엇 때문에 당신에게 분양하겠는가? 정글과도 같은 재테크 시장에서 환상적으로 높은 수익률은 정말로 '환상'에 그치는 경우가 많다는 것을 명심해야 한다.

상가소형 빌딩 투자는 상권의 라이프 사이클을 고려해야

상가나 소형 빌딩도 저금리 시대에 중요한 투자 대안으로 떠오르고 있다. 소형 빌딩을 잘 고르기만 하면 연 5% 안팎의 투자 수익률을 낼 수 있기 때문이다. 게다가 예전 같으면 일반 중산층에게 소형 빌딩이나 상가 투자가 그림의 떡이나 다름없었지만. 평균 담보대출 금리가 연 2%대로 떨어진 이후에는 자본금 없이 빚을 지고 소형 빌딩에 투자하려는 사람들이 늘어나고 있다.

물론 상가나 소형 빌딩 투자는 다른 투자에 비해 고수익을 기대할 수 있는 만큼 수익형 부동산 투자의 꽃이자 최종 종착점이라고 할 수 있다. 그러나 한편으로는 초보 투자자들이 주변 사람의 성공담만 듣고 경험 없이 뛰어들었다가 평생에 걸쳐 모은 전재산을 한순간에 잃을 수 있는 위험한 투자 대상이 바로 상가나 빌딩이다.

초보 투자자들이 흔히 하기 쉬운 실수는 절정기를 넘어선 상권의 상가나 빌딩에 투자하는 것이다. 이 경우 자칫 돈도 제대로 벌어보지 못한 채 상권이 쇠퇴하는 바람에 큰 손해를 볼 수 있다. 이를 피하기 위해서는 상가나 빌딩에 투자하기에 앞서 하나의 상권이 뜨고 지는 라이프 사이클을 이해해야 한다.

소외된 지역에 예술인들이 모여들고, 독특한 아이디어를 가진 사람들이 가게를 내면서 하나의 상권이 성장하기 시작한다. 이때는 아직 임대료가 싸기 때문에 온갖 실험적인 가게들이 나타나곤 한다. 그리고 시간이 흘러 트렌디(Trendy)한 장소로 입소문이 나면서 점점 더 많은 사람들이 모여든다.

이때부터 서서히 임대료가 오르기 시작하지만, 그 이상으로 더 많은 사람들이 모이기 때문에 새롭고 독특한 스타일의 상점들이 점점 더 늘어난다. 그리고 더 많은 유동 인구가 모여들면서 상권의 인기는 절정을 향해 달려나간다. 이렇게 임대료가 치솟아오르면 빌딩 가격은 더 빠른 속도로 급등한다.

그 결과 빌딩이 몇 번의 손바꿈을 거치면, 새로운 건물주는 막대한 투자 금액을 회수하기 위해 임대료를 더욱 빨리 끌어올리게 된다. 이렇게 임대료가 오르면 처음 상권을 형성하는 데 기여했던 예술인들이나 창의적인 자영업자들이 도리어 쫓겨나게 되는 젠트리피케이션 (Gentrification)● 현상이 나타나기 시작한다.

● 구도심이 번성해 임대료가 오르고 원주민이 내쫓기는 현상을 일컫는 용어.

게다가 돈에 크게 구애받지 않는 대기업까지 가세해 비싼 값에 건물을 사들이기 시작하면 임대료는 더욱 가파르게 치솟는다. 결국 그 지역은 예전의 창의적이고 트렌디한 모습은 사라지고, 특징 없는 평범한 상권이 되어버린다. 실제로 서울 강남구의 대표적인 상권인 로데오 거리가 바로 이런 라이프 사이클을 겪었다.

그러나 경험이 부족한 초보 투자자는 상권이 최고 절정기에 이르렀을 때 투자를 시작하는 경우가 많다. 이 같은 실패를 피하려면 상가나 빌딩 투자를 할 때 그 어떤 투자보다도 많은 공부를 해야 한다. 특히 상권의 진화 과정과 인구의 흐름, 지역 경제 상황을 잘 모른다면 투자를 자제하는 것이 좋다.

물론 오피스텔이나 상업용 부동산 투자는 앞으로 다가올 저금리 시대에 그나마 나은 투자 대상이 될 것이다. 하지만 지금 우리나라의 상가나 빌딩 가격은 베이비붐 세대의 은퇴와 맞물려 상당히 고평가되어 있다. 그러므로 지금 당장 빌딩이나 상가 투자에 나서는 것보다 여유를 갖고 시장을 관찰하면서 투자 시점을 찾아야 한다.

만약 경제 불황이 올 경우, 그 충격은 주거용 부동산보다 상업용 부동산에 훨씬 치명적이다. 임대료가 떨어지면 곧바로 부동산 가격에 반영되기 때문에 과도한 빚을 지고 빌딩이나 상가 투자를 하는 것은 매우 위험하다. 특히 대출 만기가 왔을 때 담보가치가 낮아지면 부채 상환을 강요당하게 되고, 이 경우 단 한 번의 투자 실패로 평생 모아둔 돈을 날릴 수 있기 때문에 매우 주의해야 한다.

한국의 스타벅스 커피가 비싼 이유는?

세계적인 커피 체인인 스타벅스는 같은 종류의 커피를 세계 각국에서 판매하고 있기 때문에 가격 비교가 용이하다. 그런데 2016년 1월 소비자시민모임의 발표 결과, 스타벅스 아메리카노 톨(Tall) 사이즈 한 잔 가격은 한국의 경우 4,100원으로 조사 대상 12개국 중에서 두 번째로 비싼 것으로 나타났다.

특히 미국 스타벅스의 아메리카노 한 잔이 2,800원에 불과해 우리나라가 무려 50% 가까이 더 비쌌다. 미국의 1인당 국민총소득(GNI)이 우리나라의 두 배나 되는 것을 고려하면 우리나라 커피 값은 소득 대비 세 배나 비싼 셈이다.

이렇게 커피 값이 비싼 이유는 결코 우리나라 임금이 높아서

는 아니다. 2015년 스타벅스 코리아에서 B파트 바리스타의 시간
당 임금은 5,700원~6,300원에 불과했다. 이에 비해 미국 스타벅
스에서 가장 낮은 임금을 받는 바리스타가 우리 돈으로 시간당
9,000원~1만 3,000원 정도를 받았다.[8]

이쯤 되면 스타벅스 코리아가 미국에 비해 엄청난 폭리를 취
하고 있는 것 아니냐는 의혹이 들지 모른다. 하지만 2014년 스타
벅스 코리아의 영업 이익률은 고작 6.5%에 불과했다. 이는 아시
아 지역 평균인 33%는 물론 미주 지역 평균인 23.4%와는 비교
도 안 될 정도로 낮은 수준이다. 도대체 어떻게 된 것일까?

한국 스타벅스의 영업 이익률이 낮은 이유 중 하나는 바로 임
대료에서 찾을 수 있다. 스타벅스 매장 하나의 평균 임차료는
2008년 1억 400만 원에서 2014년에는 1억 6699만 원으로 치솟
아올랐다. 불과 6년 동안 60%가 넘게 오른 것이다. 정확히 같은
기간 동안 스타벅스 코리아의 영업 이익률도 반 토막이 났다.

상가나 빌딩 투자는 수익형 부동산 투자의 정점에 있다고 할
만큼 수익률도 높고, 또 그만큼 투자의 전문성이 요구된다. 앞으
로 저성장이 고착화되어 자산 수익률이 떨어지면 은퇴자들이 한
번쯤 생각해볼 중요한 노후 대비 수단이 될 것이다. 하지만 아직
까지 상가나 빌딩 투자를 시작하지 않은 사람이라면 조급해할
필요는 없다.

최근 저성장에도 불구하고 상가 임대료만은 지속적으로 오르

면서 상가와 빌딩 매매 가격도 덩달아 급등하고 있다. 일부 상권에서는 초기 상권 형성의 주역이었던 상인들이 높은 임대료 때문에 쫓겨나는 젠트리피케이션 현상이 나타나면서 심각한 사회문제가 될 정도다.

하지만 이 같은 임대료 급등 현상이 과연 우리 경제 수준에 걸맞은 수준일까? 스타벅스의 비싼 커피 값과 낮은 영업 이익률은 우리나라의 임대료 수준을 단적으로 보여주고 있다. 대기업이 운영하는 스타벅스가 저 정도인데, 자영업자들의 영업 이익률은 더 형편없을 수밖에 없다. 그러다 보니 '조물주 위에 건물주'가 있다는 우스갯소리까지 나오고 있다.

상가 임대료는 왜 오르는 것일까?

현재 우리나라에서 이렇게 높은 임대료가 유지될 수 있는 가장 큰 이유는 인구 규모가 큰 베이비붐 세대가 본격적으로 은퇴를 한 이후 너도나도 자영업에 뛰어들고 있기 때문이다. 게다가 경기 불황으로 구조조정의 칼바람이 거세지면서 자영업에 뛰어드는 은퇴자는 더욱 늘어나고 있다. 덕분에 상가 임대만 호황을 누리는 아이러니가 빚어지고 있는 것이다.

선진국의 은퇴자들은 공적 연금만으로도 기본적인 생활이 가능한데다 개인적으로도 상당한 수준으로 대비가 되어 있기 때문에 노후에도 큰 어려움이 없는 경우가 많다.

하지만 우리나라 베이비붐 세대는 국민연금 가입 기간이 짧은 데다 수명 연장을 미처 예상하지 못해 노후 대비가 미흡했던 탓에, 구조조정으로 일자리를 잃게 되면 어쩔 수 없이 자영업 전선에 뛰어들게 되는 것이다.

특히 이들은 한국 경제가 고도성장하던 시기에 경제 활동을 시작한 세대이므로 성공에 대한 확신이 남다르다고 할 수 있다. 이 때문에 늦은 나이에 아무런 경험도 없이 자영업에 뛰어들면서 막대한 빚을 지는 데 주저하지 않는다.

그러나 이들의 창업 성적표는 너무나도 초라하다. 2015년 자영업자들의 창업 대비 폐업률은 무려 80%에 이를 정도로 실패한 자영업자가 많았다. 하지만 아무리 망하는 자영업자가 많아도 은퇴를 시작한 베이비붐 세대가 끝없이 자영업에 나서면서 임대료를 계속 떠받치고 있다.

그러나 이 같은 효과는 조만간 크게 약화될 것이다. 앞으로 수년 안에 베이비붐 세대의 은퇴가 마무리되고, 은퇴형 자영업자의 신규 진출은 급감할 수밖에 없다. 더구나 치열한 경쟁 속에 자영업 성공률이 지속적으로 낮아지면 은퇴자들의 '묻지 마 자영업' 열풍도 수그러들 것이다.

게다가 그동안 우리나라 소비의 큰 축을 담당해온 베이비붐 세대의 은퇴가 마무리되면 이들의 소비가 줄어들어 자영업자들의 경영 환경은 더욱 악화될 것이다. 지금 당장은 구조조정의 여파가 오히려 임대료를 올리고 있지만, 이런 현상이 지속되면 결국 임대료도 타격을 받을 수밖에 없다. 그리고 임대료가 하락하면 상가나 빌딩 가격은 더 크게 흔들리게 된다.

수익형 부동산 투자의 가장 좋은 시기는?

수익형 부동산 시장에서 매매 가격은 그 임대료에 따라 크게 좌우된다. 예를 들어 시장 수익률이 연 5%인 경우 한 해 5000만 원의 임대료를 올리는 상가라면, 매매 가격은 10억 원 정도가 된다. 그런데 '다른 조건이 그대로인 상태(Cetris Paribus)'●에서 임대료가 한 해 3000만 원으로 떨어지면 상가의 가격은 6억 원으로 급락하게 된다.

● '다른 조건이 모두 일정하다면'이란 뜻의 경제학적인 가정.

실제로 일본도 무려 2148만 명의 인구를 자랑하는 1930년대 출생자들의 은퇴가 마무리된 1991년부터 부동산 임대료가 폭락했고, 그 여파로 상업용 부동산 가격이 87%나 폭락했다. 말하자면 100억 원짜리 상가 건물이 13억 원으로 추락했다는 이야기다. 60% 하락한 주거용 부동산에 비해 훨씬 더 심한 낙폭을 보인 이유는 상업용 부동산이 주거용 부동산보다 경기에 더 큰 영향을 받기 때문이다.

물론 우리나라에는 일본처럼 광기 어린 부동산 버블은 없었기에 상업용 부동산 가격이 일본과 같은 수준으로 폭락할 가능성은 크지 않다. 하지만 과도한 빚을 지고 상가나 빌딩 투자에 나선 경우에는 부동산 가격이 조금만 하락해도 큰 충격을 받을 수 있기 때문에 거대한 버블이 없었다고 안심할 수만은 없다.

특히 우리나라에서 빌딩 투자는 각종 부동산 대출 규제에서 벗어나 있기 때문에 빌딩 가격의 80~90%까지 돈을 빌리는 경우가 적지 않다. 이 때문에 자기 돈 3억~4억 원만 있으면 20억~30억 원짜리 빌딩도 살 수 있다며 당장 빌딩이나 상가 투자에 나서라고 부추기는 도서나 신문 기사가 넘쳐나고 있다.

하지만 상가나 빌딩 투자는 수익형 부동산 투자의 꽃이라고 불릴 만큼 수익률이 높은 반면, 가장 전문적이고 위험한 투자다. 만일 초보 투자자가 아무런 경험이나 관련 지식도 없이 대출에 의지해 섣불리 뛰어들었다가는 원금을 날리는 것은 물론 잘못하면 평생 빚에 시달리는 고통을 받을 수도 있다.

사실 저금리 시대에 고수익 상가 투자는 분명히 좋은 투자 대안이다. 하지만 지금처럼 일시적으로 베이비붐 세대의 은퇴가 몰린 상황에서 상가나 빌딩 투자를 새로 하려면 매우 신중하게 접근하는 것이 좋다. 특히 시세 차익을 노린 투자가 아니라 안정된 임대 소득을 원한다면 베이비붐 세대의 은퇴가 마무리되고 상가나 빌딩 가격의 새로운 균형점이 등장하는 2020년대 이후에 투자를 시작해도 늦지 않을 것이다.

주가는 왜 예전만큼
오르지 않는가?

워런 버핏이 한국에서 장기 투자를 하지 않은 이유

전 세계 주가가 급등락을 거듭하며 출렁이던 2016년 3월, '투자의 귀재'로 불리는 워런 버핏은 미국의 경제 전문 방송인 CNBC에 출연해 좋은 회사 주식을 사서 장기간 보유하면 지금부터 10년이나 30년 뒤에도 좋을 것이라며 장기 투자를 권했다. 또 당장의 주가를 확인하면서 걱정하지 말고 장기간 실적과 배당으로 투자 성과를 점검하라고 충고했다.[9]

실제로 그는 1988년 투자를 시작한 코카콜라나 1994년부터 사들인 아메리칸 익스프레스 주식을 2016년 현재까지도 보유하고 있다. 그는 이 같은 장기 투자 원칙으로 지금까지 놀라운 성과를 거두어왔다. 2015년 투자자들에게 보낸 서한에서 50년 동안무려 182만 6163%의 수익률을 기록했다고 밝혔다. 50년 전에워런 버핏에게 1달러를 맡겼다면 지금 현재 재산이 1만 8,200달러로 불어났을 것이라는 이야기다.

그런 그가 2004년 한국 기업에 큰 관심을 갖고 무려 스무 개기업의 주식을 대거 사들이자, 버핏이 우리나라에서도 장기 투자를 할 것이라는 기대감이 컸다. 하지만 이 같은 기대와 달리 그는 특유의 장기 투자 원칙을 깨고 2009년을 전후로 포스코 단 한기업의 주식만 남기고 모든 주식을 팔아버렸다. 그나마 남겨두었던 포스코 주식도 2014년 이전에 전량 매각한 것으로 알려졌다. 도대체 왜 워런 버핏은 한국에서 장기 투자의 원칙을 지키지않은 것일까?

주가 정체 원인 1 : 고령화와 저출산

우리나라 코스피(KOSPI)가 2007년에 처음으로 2,000선을 돌파하자 온갖 장밋빛 전망이 쏟아져나왔다. 하지만 그 이후에도 코스피는 9년째 거대한 박스권에 갇혀 더 이상 올라가지 못하고 있다. 미국과 유럽의 선진국은 물론 인도네시아나 인도 같은 개도국조차 글로벌 위기 이전의 최고점을 돌파해 무서운 상승세를 보였던 것과는 사뭇 대조적이다.

　이렇게 우리나라 주가가 다른 나라와 달리 답보 상태에 빠진 이유는 첫째, 고령화와 저출산의 어두운 그림자 때문이라고 할 수 있다. 젊고 의욕적인 소비 계층이 줄어들자 투자를 해도 돈을 벌 수 있는 곳이 지속적으로 감소하고 있다. 더구나 청년층의 주식 보유 비중이 점차 줄어들면서 주식 시장의 수요 기반이 급격히 약화되고 있다.

주가 정체 원인 2 : 중국에 뒤처지기 시작한 산업 경쟁력

　또 다른 이유는 우리나라가 경제 전략 측면에서 큰 오판을 하는 바람에 미래 산업 육성에 실패했기 때문이다. 2000년대 들어 중국 등 다른 신흥국들의 거센 추격이 시작되자 우리 경제는 선진국과 후진국 사이에 끼인 '넛 크래커(Nutcracker)'● 상황에 내몰렸다. 그런데 우리는 이런 진퇴양난의 처지에서 선진국에 도전한 것이 아니라 중국 같은 신흥국들과 가격 경쟁을 하는 전략을 택했다.

● 원래 호두를 양쪽에서 눌러 끼는 호두까기 기계를 뜻하는 말로, 경제에서는 한 나라가 선진국에 비해 기술과 품질 경쟁에서, 후발 개발도상국에 비해서는 가격 경쟁에서 밀리는 현상을 말함.

　또, 중국에 고속 성장의 초석을 제공한 대가로 우리도 잠시 동안이나마 중국과 함께 호황을 누릴 수 있었다. 하지만 이 같은 전략은 시간이 갈수록 스스로 무덤을 판 격이 됐다. 중국 기업들이 가격은 물론 품질 면에서도 우리를 따라잡게 되면서 우리의 산업 경쟁력은 끝없이 추락하기 시작한 것이다.

더 큰 문제는 이제 새로운 산업 분야에서까지 중국에 크게 뒤처지고 있다는 점이다. 중국 정부는 2016년부터 시작된 제13차 5개년 계획을 통해 제조업 중심에서 벗어나 혁신적인 신산업을 육성하는 데 중국의 모든 경제력을 집중하기로 했다. 실제로 전기 차나 1인용 이동 수단, 드론 등 각종 신산업을 이미 중국은 선점하기 시작했다.

주가 정체 원인 3 : 기업의 왜곡된 소유 구조

우리나라 기업의 왜곡된 소유 구조는 주가 상승에 가장 큰 걸림돌 중 하나다. 우리나라 재벌 기업들의 가장 큰 문제점은 아주 작은 지분으로 기업의 의사 결정 구조를 완전히 지배하고 있다는 점이다.

예를 들어 2016년 2월 공정위가 발표한 자료[10]를 보면, 롯데 그룹 총수 일가의 지분을 다 합쳐도 2.4%밖에 되지 않는 것으로 나타났다. 그런데도 모든 의사 결정을 총수 일가가 도맡아 하고 있다.

사실 이렇게 적은 지분으로 기업의 모든 의사 결정을 좌지우지하는 것은 롯데만이 아니라 대부분의 한국 재벌에 만연해 있는 문제다. 그런데 기업의 진정한 주인인 주주가 기업 경영에 전혀 참여하지 못하고 총수 일가가 독단적으로 하게 되면 왜곡된 의사 결정을 하게 될 가능성이 너무나 크다. 경제학에서 흔히 말하는 '대리인 문제(Agency Problem)'가 발생할 수 있기 때문이다.

선진국의 경우 기업의 대리인 문제는 원래 주주와 재벌 총수가 아닌, 주주와 전문 경영인 사이에 일어난다. 전문 경영인의 목표와 주주의 목표가 다를 때 서로 이해상충이 일어나고, 전문 경영인이 주주의 이익에 반하는 행위를 하는 도덕적 해이가 발생할 수 있다.

이 때문에 미국 등 선진국에서는 전문 경영인의 능력과 성과를 정확히 평가하고, 적절한 보상을 통해 주주의 이익을 위해 일하도록 유도하는 기법이 발달해 있다.

그런데 한국에서는 극히 적은 지분을 가진 재벌 총수가 기업의 모든 의사 결정을 마음대로 휘두르는 기현상이 일어나고 있기 때문에, 다른 나라에서는 찾아볼 수 없는 재벌 총수와 주주 사이에서 독특한 대리인 문제가 발생하고 있다.

적은 지분으로 기업을 지배하고 있는 재벌 총수 입장에서는 주가를 올려봐야 자신이 가져갈 수 있는 몫이 많지 않다. 이 때문에 기업의 모든 의사 결정을 좌우할 수 있는 재벌 총수들은 주가를 끌어올리는 것보다 자신의 주머니만 불리는 선택을 할 가능성이 너무나 크다.

실제로 재벌 총수들이 다른 주주들과 이익을 공유하지 않고 자신의 주머니만 채울 수 있는 방법은 너무나 많다. 예를 들어 영화관을 운영하는 재벌 계열사가 있고, 재벌 오너의 지분은 5%밖에 안 된다고 가정해보자. 그런데 영화관에서 팝콘과 음료를 팔 수 있는 권리를 헐값에 재벌 총수의 자녀에게 넘겨주면, 자녀들은 너무나 쉽게 큰돈을 벌 수 있다. 그 대신 영화관을 운영하는 기업의 이익은 크게 줄어들고, 그 피해는 일반 주주들에게 전가될 수밖에 없다.

더구나 우리나라에서는 재벌 총수나 그 자녀들이 이 같은 불공정 거래로 다른 일반 주주들에게 막대한 피해를 입혀도 이를 제대로 처벌하는 경우가 많지 않다. 이처럼 불공정 행위가 만연해 있는 비정상적인 기업 환경에서는 아무리 기업이 장사를 잘해도 주가가 지속적으로 오르기가 쉽지 않다. 주주의 정당한 이익이 언제든 재벌 총수나 그 자녀들의 개인 이득으로 새어나가기 때문이다.

투자 전에 기업의 지배 구조를 꼭 확인하라

이러한 기업 환경에서 주식 투자를 하려면 어떻게 해야 할까? 가장 근본적인 해결 방법은 재벌 오너들이 작은 지분으로 전횡을 일삼으며 불법과 탈법을 저지르는 것을 막는 것이다. 하지만 당장 모든 시스템을 뜯어고칠 수 없기 때문에, 개인 투자자 입장에서 주식 투자를 할 때는 기업의 소유 구조를 면밀히 살피고 투자를 결정해야 한다.

우선 기업 오너 일가의 지분율이 일정 수준 이상인 기업을 택하는 것이 좋다. 또 오너의 지분이 낮더라도 전문 경영인이 책임 경영을 하면서 투명하게 운영하고 있는 기업을 찾아내야 한다.

이와 함께 재벌 오너의 지분율이 높은 지주 회사도 눈여겨볼 필요가 있다. 특히 편법으로 자산을 물려주기 위해 계열사들이 자녀 이름으로 된 개인 회사에 돈을 몰아주고 있지는 않은지 철저히 확인하는 것이 좋다.

따라서 이 같은 한국 주식 시장 환경에서 투자에 성공하기 위해서는 무엇보다 기업의 지배 구조(Corporate Governance)를 정확하게 파악하는 것이 중요하다. 그런 정보력이 없다면 차라리 우리보다 훨씬 공정하고 투명한 경제 체제를 가진 해외 주식 시장으로 눈을 돌리는 것이 나을 것이다.

불황에도 뜨는 주식,
어떻게 찾을 것인가?

산업 구조의 거대한 변화에 주목하라

2016~2020년 사이 우리나라의 산업 구조는 거대한 변화에 직면
할 것이다. 이미 필자의 전작인 『2015년, 빚더미가 몰려온다
(2012)』[11]와 『박종훈의 대담한 경제(2015)』[12]에서 설명했던 것처럼,
한국의 '빠른 추격자(Fast Follower) 전략'이 종말을 고하고 중국의
추격이 본격화되면서 대부분의 국내 산업이 경쟁력을 상실하게
될 것으로 보인다.

더구나 2016년부터 생산가능인구 비중이 줄어들면서 내수시
장은 더욱 빠르게 위축될 것이다. 그리고 이 같은 대내외적인 변

화는 그동안 한국 경제의 버팀목이 되어왔던 주요 산업의 경쟁력을 급속히 약화시키게 된다. 조선, 해운업에서 시작된 기업 구조조정의 회오리는 철강, 화학, 전자, 자동차 등으로 옮겨 붙으면서 산업 구조가 완전히 재편될 것이다.

하지만 우리 경제의 성장 동력이 급격히 약화된다고 해서 모든 산업이 도태되는 것은 결코 아니다. 어떠한 위기 속에서도 살아남는 기업은 있기 마련이다. 또한 새로운 경제 패러다임에서 새로 떠오르는 산업도 반드시 나타나게 되어 있다. 산업 구조의 거대한 변화에 주목한다면, 오히려 앞으로 다가올 경제 태풍이 주식 투자자에게 큰 기회를 제공할 것이다.

이 같은 변화를 미리 내다보려면 우리보다 20여 년 먼저 초고령화와 함께 장기 불황을 겪었던 일본의 산업 구조 변화를 면밀히 살펴보는 것이 중요하다. 불황이 시작된 이후에 어떤 산업이 성공했고 어떤 산업이 몰락했는지, 그리고 새로 성공한 기업은 어떤 기업이었는지를 정확하게 분석해야 불황에도 뜨는 새로운 기업을 찾아낼 수 있기 때문이다.

지난 20년간 일본에서 성공한 산업은?

장기 불황 이후 일본에서 주목해야 할 회사는 바로 유니클로(UNIQLO)다. 야나이 다다시(柳井正) 유니클로 회장은 1949년 지방 변두리에 있는 평범한 양복점의 아들로 태어났다. 대학에 다닐 때에는 학업에 흥미가 없어 마작과 록 음악에 빠져 대부분의 시간을 보냈다. 그리고 대학을 졸업한 뒤에는 슈퍼마켓 체인 회사에서 주방식기를 팔며 평범한 삶을 살고 있었다.

그러다 아버지의 양복점을 물려받기 위해 고향으로 돌아왔지만, 당시 일곱 명이었던 점원 중 여섯 명을 내보낼 정도로 경영 상태가 좋지 않았다. 그러던 어느 날, 라면이나 패스트푸드처럼 쉽게 살 수 있고 가격이 저렴한 옷을 만들겠다는 발상의 전환으로 1984년에 유니클로의 전신인 유니크 클로딩 웨어하우스(Unique Clothing Warehouse)를 설립하면서 그는 인생의 전환점을 맞았다.

1989년 때마침 일본의 장기 불황이 시작되자 저렴하면서도 품질이 좋은 유니클로가 큰 인기를 끌기 시작했다. 그 결과 야나이 다다시 회장은 회사를 설립한 지 30년 만에 163억 달러(18조 원)를 보유한 일본 최고의 부자로 부상했다. 불황이 오히려 유니클로의 성장을 더욱 가속화한 것이다.

일본의 불황 이후 급속히 성장한 기업들 중에는 경제 환경의 변화와 밀접한 관계가 있는 기업들이 많다. 불황과 저출산, 고령화 여파로 혼자 저렴하게 식사하려는 사람들이 늘어나면서 저가 덮밥 체인점인 요시노야(吉野屋)가 크게 성장했고, 가격 파괴 업체인 100엔 숍과 1,000엔 미용실이 대박을 터뜨렸다. 이처럼 어떠한 불황 속에서도 새로 떠오르는 산업은 반드시 있기 때문에, 일본에서 지난 20년 동안 성공한 산업을 면밀히 분석한다면 차세대 산업을 찾아낼 수 있을 것이다.

최악의 위기에도 살아남을 기업을 골라라

앞으로 닥쳐올 경제 환경의 급격한 변화 속에서도 성공할 수 있는 투자 방법을 찾기 위해서는 장기 불황 중에 큰 성과를 거둔 일본의 펀드 운용 기법을 참고하는 것도 좋다.

일본의 대표적인 펀드 운용사 회장인 사와카미 아쓰토(澤上篤人)는 닛케이 지수가 지속적으로 하락하던 시기에도 연평균 투자 수익률 5%를 달성하는 놀라운 성과를 거두었다.

그의 투자 원칙은 단순하고 명확하다. 아무리 최악의 위기가 찾아와도 반드시 살아남는 기업은 있다는 것이다. 아무리 극심한 경기 불황이 온다고 해도 국가 경제의 미래가 달려 있는 중후장대(重厚長大) 산업은 쉽게 포기하기 어렵다.

특히 철강이나 조선, 석유화학, 정유 같은 중후장대형 산업에서는 수요가 아무리 늘어나도 곧바로 설비를 늘릴 수 없기 때문에, 과잉생산이 해소될 때까지 살아남는 한두 개의 대표 기업은 불황의 터널이 끝나갈 때쯤에는 실적이 회복되고 주가도 치솟아 오르게 된다. 이 같은 투자 방법의 핵심은 최악의 불황 속에서도 살아남을 강한 기업을 찾아내 주가가 바닥을 칠 때 미리 투자를 해놓는 것이다.

앞으로 저성장이 고착화되고 오랜 불황이 시작되더라도 계속 성공적인 투자를 하고자 한다면, 단지 특정 산업만이 아니라 경제 전체의 패러다임이 어떻게 바뀌어가는지를 세심하게 관찰하는 것이 중요하다.

또, 극심한 불황 속에서는 무엇보다 정부의 대응 능력이 중요한 만큼 정부 정책의 성패도 면밀히 살펴야 한다. 지금부터라도 경제 전체를 볼 수 있는 힘을 키워둔다면 그 어떤 최악의 위기라도 역전의 기회로 바꿀 수 있을 것이다.

국내 투자 어렵다면
해외로 눈돌려라

해외 투자, 이제 선택이 아니라 필수

일본에서는 1990년대 버블 붕괴를 겪으면서 모든 자산의 수익률이 곤두박질쳤다. 은행 예금 금리는 연 0.1%까지 추락했고, 주가는 연일 하락세를 보였다. 도쿄도 23구(東京都区, 서울시에 해당)의 상업용 부동산 가격은 4분의 1 토막이 났다. 이처럼 모든 자산 가격과 수익률이 하락한 탓에 돈이 되는 자산을 찾는다는 것은 거의 불가능에 가까웠다.

일본 국내에서 돈을 굴릴 곳이 사라지자 2000년대 들어 일본인들은 해외로 눈을 돌리기 시작했다. 특히 이들 중에는 주부들이 여윳돈을 가지고 해외 투자에 나선 경우가 많았기 때문에 그런 사람들을 가리켜 일본에서 가장 흔한 성 중의 하나를 붙여 '와타나베(渡邊) 부인'이라고 불렀다.

우리나라도 세계 경제의 둔화와 중국의 거센 추격, 생산가능 인구 비중 감소 등으로 인해 경제 성장률이 하락하고 이에 따라 각종 자산 수익률이 지속적으로 낮아질 가능성이 크다. 이 경우 우리나라에서도 해외 투자가 새로운 대안으로 떠오르게 될 것이다. 그렇다면 해외 투자에서 주목할 만한 시장은 어느 곳이고, 언제 어떻게 투자를 해야 할까?

각 나라의 인구 구조에 유의하라

해외 투자로 주목할 만한 시장은 크게 두 개의 카테고리로 나눌 수 있다. 하나는 미국과 같은 선진국 시장이다. 선진국 시장은 놀라운 성장세를 기대하기는 어렵지만 안정적이고 투명한 시장이라는 장점이 있다. 또한, 기업 오너의 독단이나 전횡이 상대적으로 적어 주주 가치가 위협받을 가능성이 훨씬 낮다.

또 다른 해외 투자 대안은 바로 개발도상국 중에서 성장 가능성이 큰 나라들이다. 이런 나라의 경제 성장에는 인구 요소가 가장 중요하기 때문에 인구의 변화에 주목해야 한다. 특히 과거의 합계 출산율이 3.0 이상으로 높았다가 최근 2.0 수준으로 급격히 낮아진 나라들에 주목할 필요가 있다.

우리나라처럼 합계 출산율이 너무 낮아도 경제에 안 좋지만, 너무 높은 경우에도 경제 성장에 장애가 된다. 자녀가 너무 많으면 인적 자본 투자도 되지 않고, 15세 미만 인구가 많을수록 생산가능인구 비중(15~64세)이 낮은 상태로 머물러 있기 때문에 경제 성장 자체가 시작되기 매우 어렵다.

하지만 합계 출산율이 적절히 낮아지면 자녀가 줄어든 대신 자녀 1인당 인적 자본 투자는 늘어나게 된다. 특히 생산가능인구 비중이 비약적으로 늘어나면서 전체 인구 중에서 노동력을 제공할 수 있는 인구가 늘고, 소비 기반이 확대되면서 성장의 기틀이 마련된다. 실제로 일본, 한국, 중국이 차례로 이런 과정을 겪으면서 고도성장과 함께 자산 가격 급등이 일어났다.

하지만 이들 세 나라 모두 생산가능인구 비중이 하락하면서 이제 인구가 성장 동력이 아닌 걸림돌이 되고 있다. 따라서 출산율 감소가 오히려 생산가능인구 비중의 증가로 이어지고 있는 인도와 인도네시아, 이란 등으로 눈을 돌릴 필요가 있다. 이들 나라는 정치적 안정성만 확보된다면 인구 구조상 앞으로 놀라운 성장세를 보일 가능성이 높은 나라다.

다만 이런 개도국들은 도약 과정에서 잦은 성장통을 겪을 가능성이 있기 때문에, 이들 나라를 대상으로 투자한다면 가급적 투자 종목과 시기를 최대한 분산하고, 목표 수익률을 넘으면 조

금씩 투자 금액을 회수하는 것이 중요하다. 특히 시장의 변동성
이 매우 크기 때문에 이를 잘 활용한다면 상당히 높은 수익률을
기대할 수 있다.

중국 투자는 과연 안전한가?

이에 비해 중국은 2012년 이후 생산가능인구 비중이 줄어들기
시작한데다 과잉 생산으로 몸살을 앓기 시작하면서 성장 동력이
급속히 약화되고 있다. 특히 중국 기업의 부채 규모는 눈덩이처
럼 불어나고 있고, 부실 규모도 감당할 수 없을 만큼 커졌다.

　게다가 임금 상승으로 국제 경쟁력까지 추락하고 있지만, 그
렇다고 위안화를 평가절하하기도 어려운 상황이다. 이 때문에
단기적으로는 중국 경제가 연착륙이든 경착륙이든 일단 '착륙'할
가능성이 매우 높다고 전망된다.

　그러나 중국 경제가 착륙을 하더라도 경제 위기가 정치 불안
으로만 번지지 않는다면 재도약할 잠재력은 충분하다. 중국은
도시화율*이 50% 정도에 불과해 농촌 지역에는
아직도 유휴 인력이 많이 남아 있는데다 매력적
인 거대한 내수시장을 가지고 있기 때문이다.

　더구나 진취적인 청년 창업자들의 거센 도전도 계속되고 있기
때문에 다른 나라보다 강력한 역동성을 유지하고 있다. 이러한

*
전국 인구에 대한
도시 계획 구역 내
거주 인구에 대한 비율.

점에서 볼 때 중국의 '착륙'은 오히려 새로운 투자의 기회가 될 수 있으므로 중국 경제에 지속적인 관심을 가질 필요가 있다.

알면 약이 되는 '해외펀드 비과세 제도'

이렇게 해외 투자 대상을 선정했다면 다음에 고민해야 것은 해외 투자 방식이다. 6부에서 더 자세히 논의하겠지만, 우리 경제뿐만 아니라 세계 경제도 한동안 어려움을 겪을 것이다.

세계 주요 선진국에서 청년 인구가 급감하고 생산성 향상 속도가 급격히 둔화되면서 세계 경제가 장기 불황 국면에 빠져들고 있다. 이에 세계 각국 정부가 돈을 풀어 간신히 지탱하고 있지만, 그 효과가 언제까지 지속될지 모르는 불안한 상황이다.

그렇다면 앞으로 좋은 투자 기회란 영영 오지 않을 것인가? 전혀 그렇지 않다. 오히려 높은 경제 변동성은 좋은 자산을 생각지도 못했던 헐값에 사들일 수 있는 기회를 제공한다. 우리가 이 같은 자산 가격의 미래를 정확하게 예측할 수 있다면 당연히 바닥에서 사는 것이 가장 좋겠지만, 이는 사실 워런 버핏과 같은 천재적인 투자자에게도 매우 어려운 일이다.

지금처럼 변동성이 심하고 섣불리 미래를 낙관하기 어려운 상황에서는 장기적인 안목으로 적립식 투자를 하는 편이 더 안정적이다. 적립식으로 투자를 하면 투자 초기의 자산 가격 하락이 낮은 가격에 자산을 매입하는 기회를 주기 때문에 오히려 환영할 일이다. 매달 일정 금액을 적립식으로 투자해도 좋지만, 자산 가격이 낮을 때 더 많은 금액이 적립되도록 설계하는 것도 한 방법이다.

이렇게 해외 주식 투자를 하려면 2016년 도입된 '해외펀드 비과세 제도'를 활용하는 것도 좋다. 해외 주식에 60% 이상 투자하는 펀드에 1인당 3000만 원 한도 내에서 비과세가 적용되는 제도로, 2017년 말까지만 가입하면 최장 10년 동안 비과세 혜택을 받을 수 있다.

따라서 지금 당장 투자할 생각이 없더라도 비과세 해외 펀드 계좌를 만들어두고, 나중에 주가가 떨어졌을 때 집중적으로 투자를 시작해도 좋다.

당신도 외국인 투자자가 될 수 있다

중국이나 인도, 인도네시아 등 개발도상국에 주식 투자를 시작하면서 동시에 미국 국채 투자를 시작하면 위험을 분산할 수 있다. 미국 채권 투자는 개도국 주식 투자와 대체로 음(-)의 상관관계를 가지므로 투자 위험을 분산하는 효과를 누릴 수 있기 때문이다.

특히 미국 채권은 지금까지 글로벌 금융 위기에 매우 강한 모

●
상장지수펀드
(Exchange
Traded Funds).
특정지수 수익률을
얻을 수 있도록 설계된
지수 연동형 펀드와
뮤추얼 펀드의 특성을
결합한 상품.

습을 보여왔기 때문에 일종의 위험 대비 자산으로
도 의미가 있다. 미국 채권에 투자하려면 은행이
나 증권사 창구에서 미국 채권형 펀드에 가입하거
나 미국 증시에 상장된 국채 ETF[●]를 사도 된다.

우리나라는 1인당 국민소득이나 자산 규모에
비해 해외 투자 비중이 매우 낮은 편이다. 그동안
우리나라가 워낙 빠른 속도로 성장해온데다 다른 나라에 비해 자
산 가격의 성장세가 빨라 해외 투자의 필요성이 그다지 크지 않
았기 때문이다. 하지만 우리나라에 저성장이 고착화되고 각종 자
산 수익률이 하락하기 시작하면 해외 투자가 하나의 선택이 아니
라 필수적인 투자 방법이 될 것이다.

위기에 대비한
최후의 보루, 금

금은 과연 투자 대안이 될 수 있을까?

이 시대 최고의 천재 중 하나로 꼽히는 아이작 뉴턴(Isaac Newton)은 시간을 금쪽같이 여겼다. 스포츠나 악기 연주는 물론 멀리 여행을 간 적도 없었다. 평생 독신으로 살면서 85세로 숨을 거둘 때까지 연구에만 모든 열정을 쏟아부었다. 그런데 그가 만유인력 같은 근대 물리학보다 더 오랜 시간을 바쳤던 연구는 바로 금을 만드는 '연금술(鍊金術, Alchemy)'이었다.

뉴턴은 연금술에 사로잡혀 30년 동안 밤을 지새우며 연구했다. 그 결과 납을 금으로 변환해주는 신비의 물질인 '현자의 돌

(Philosopher's Stone)' 제조법 등 연금술에 관련해 최소 65만 자가 넘는 방대한 기록을 남겼다. 이를 두고 영국의 경제학자 케인즈 (John M. Keynes)는 "뉴턴은 이성의 시대의 선구자가 아니라 최후의 마술사였다"라고 평가했다.[13]

이에 대해 미국의 과학사학자 윌리엄 뉴먼(William Newman) 교수는 뉴턴과 같은 세기의 천재가 연금술에 빠져든 데는 그만한 이유가 있었다고 설명한다.[14] 당시 광부들이 땅속에서 캐낸 구리나 은광석은 마치 나무줄기처럼 꼬여 있었기 때문에 뉴턴뿐만 아니라 그 시대 사람들은 대부분 광물이 땅속에서 자라는 것이라고 믿었다는 것이다.

근대 이후 과학자들은 연금술을 '사이비 과학'으로 생각했기 때문에, 근대 과학의 아버지인 뉴턴이 실제로는 연금술에 심취해 있었다는 사실을 중요하게 여기지 않았다. 하지만 뉴턴이 연금술에 바친 30년은 결코 헛된 것이 아니었다. 그는 연금술을 연구하던 도중 백색광(白色光, White light)이 여러 색깔의 빛으로 이루어져 있다는 사실도 알아냈다.

뉴턴이 평생을 바쳐 연구했던 연금술은 결국 실패로 끝나고 말았지만, 1919년 어니스트 러더포드(Ernest Rutherford)가 질소에 헬륨 원자핵을 충돌시켜 산소로 변환한 이후, 연금술은 더 이상 꿈이 아닌 현실이 됐다.

특히 최근에는 입자 가속기(Particle Accelerator)를 활용해 비록 극미량이지만 실제 다른 원소를 금으로 바꾸는 실험에도 성공했다. 하지만 현재 기술로 금을 대량 생산하는 것은 효율성과 비용 측면에서 불가능한 것이나 다름이 없다.

그 결과 금은 여전히 희소하고 값비싼 금속으로 남아 있고, 특히 금융 위기가 올 때마다 안전자산으로 주목을 받고 있다. 그렇다면 세계적으로 경제 불안이 계속되고 있는 상황에서 과연 금에 투자하는 것이 금융 위기에 대비하는 방법이 될 수 있을까? 그리고 금에 투자한다면 과연 얼마나 해야 할까?

금 투자는 경제 위기를 대비하는 일종의 보험

세계적인 투자자인 워런 버핏은 금 투자에 상당히 부정적인 편이다. 2011년 금값이 1트로이온스(Troy ounce)●에 1,800달러를 돌파하며 절정에 이르렀을 때 "비생산적인(Unproductive) 금에 투자하기보다는 차라리 전망 좋은 비즈니스에 투자하겠다"라며 금 투자를 비판했다.

● 금, 은 등 귀금속과 보석의 중량 단위로 1트로이온스는 31.1034768g에 해당한다.

배당이나 이자를 받을 수 있는 주식이나 채권과 달리, 금은 아무런 수익(Yield)을 창출하지 못하기 때문에 시세가 오르기만을 기다리는 수밖에 없다. 이 때문에 수익이 수익을 낳는 '복리 효과'를 투자의 금과옥조로 삼고 있는 워런 버핏이 볼 때, 금 투자는 매우 비생산적으로 보일 수밖에 없을 것이다.

금 투자의 또 다른 약점은 가격이 급등할 경우 공급량이 늘어날 수 있다는 점이다. 이제 20년 안에 금광 개발이 한계에 다다르게 될 것이라는 이른바 '피크골드(Peak gold) 주장'*이 나오고 있지만, 사실 금값이 급등하면 이전에 경제적 가치가 없어서 개발이 안 되었던 새로운 금광이 개발되어 금 공급이 늘어날 가능성을 배제할 수 없다.

● 금 생산이 정점에 이르러 점차 줄어들 것이라는 주장.

금값이 치솟아오르면 산업 폐기물을 활용하는 '도시광산(Urban Mining)'*에서도 금 공급이 늘어날 수 있다. 휴대전화나 자동차는 물론 각종 사업장 폐기물에서 잠자고 있는 금의 양은 무려 6,500톤으로 전 세계 금 매장량의 16%에 이른다. 더구나 휴대전화 폐기물 1톤에서 뽑아낼 수 있는 금은 400g으로 같은 양의 금광석보다 80배나 더 많은 금을 추출할 수 있다.

● 전자제품이나 자동차 등 생활계 폐기물이나 사업장 폐기물에서 값비싼 귀금속과 희토류를 뽑아내는 사업.

이처럼 많은 약점에도 불구하고 금 투자에 관심이 쏠리고 있는 이유는 바로 세계 경제의 불확실성 때문이다. 글로벌 금융 위기 이후 전 세계 금융 당국이 돈을 있는 대로 풀었지만 좀처럼 경제가 살아나지 않고 있다. 이 때문에 만일 세계 주요국의 통화 가치가 하락한다면, 그나마 공급이 제한적인 금이 안전자산 역할을 할 수 있을 것이라는 기대가 커지고 있다.

하지만 워런 버핏의 충고처럼 금은 아무런 배당도 이자도 없기 때문에 투자라고 생각하기보다는 위기에 대비하기 위한 일종의 보험으로 보는 것이 좋다. 또 극심한 디플레이션이 시작될 경우에는 오히려 금값이 폭락할 수도 있기 때문에, 금을 무조건 안전자산이라고 보기에도 어렵다. 따라서 각종 투자 위험에 대한 헷지(Hedge)를 해둘 생각이라면 금 투자 규모는 전체 금융 자산의 5~10% 이내로 한정하는 것이 좋다.

금은 어디서 어떻게 사는 걸까?

금은 어디서 사느냐에 따라 수수료는 물론 세금까지 큰 차이가 나기 때문에 투자 방법에 세심한 주의를 기울여야 한다. 만일 홈쇼핑이나 금은방에서 금 실물을 산다면 금값의 10%를 부가가치세로 내야 한다.

더구나 금 소매가격에는 판매업자들의 이윤도 포함되기 때문에 금 실물에 투자했을 때는 금값이 최소 15% 이상 오르지 않는 한 이득을 보기 어렵다는 점에 주의해야 한다.

단지 투자 목적으로 금을 산다면 이렇게 거래 비용이 큰 실물 투자보다는 은행의 골드뱅킹을 이용하는 것이 낫다. 골드뱅킹으로 투자하면 실물로 인출하지 않는 한 부가가치세를 내지 않는다. 하지만 은행의 골드뱅킹은 금을 사거나 팔 때 1% 안팎의 수수료를 부과한다. 더구나 금을 팔아서 얻은 수익의 15.4%를 배당소득세로 내야 하는데다 원금 보장은 물론 예금자 보호도 되지 않는다는 점에 유의해야 한다. 다만 2016년 10월 대법원이 골드뱅킹에 따른 수익은 배당소득으로 보기 어렵다고 판결한 만큼 앞으로는 배당소득세를 내지 않아도 될 가능성이 크다.

수수료나 세금 측면에서 가장 유리한 금 투자 방법은 한국거래소의 KRX 금시장이다. 거래 수수료가 0.5% 안팎으로 낮은 편인데다 금을 실물로 인출하지 않는 한 부가가치세를 내지 않아도 되고, 골드뱅킹과 달리 배당소득세도 내지 않는다.

하지만 KRX 금시장은 마치 주식처럼 거래가 되기 때문에 투자 경험이 부족한 일반 투자자들은 단기매매의 유혹에 넘어가 끊임없이 사고팔다가 자칫 수수료만 날릴 수도 있다. 따라서 투자 경험이 적은 사람에게는 골드뱅킹이 더 나을 수도 있다.

금 투자를 할 때 무엇보다 주의해야 할 점은 결코 과욕을 부리거나 조급하게 생각해서는 안 된다는 점이다. 금값은 1980년 이후 20여 년 동안 지속적으로 하락하다가 2001년 이후에야 반등세로 돌아서 15년 동안 무려 네 배나 폭등했다. 안전자산으로 보기에는 상당히 가격 변동폭이 크다고 할 수 있다. 이 때문에 지금 금 투자를 시작하려 한다면 매입 시점을 철저히 분산해 투자 위험을 최소화하는 것이 좋다.

STRATEGY 11

반드시 피해야 할
위험한 재테크

장기 투자에 적합하지 않은 원유 펀드

2016년 상반기에 원유 가격이 바닥을 치자 원유 펀드나 원유 ETF, 원유 ETN(Exchange Traded Note) 같은 원유 투자 상품이 큰 인기를 끌었다. 당시 유가는 일부 중동 산유국을 제외하면 거의 생산원가 수준에 불과했기 때문에 국제 환경이 조금만 변해도 유가가 오르게 될 것이라는 기대가 컸다.

실제로 유가가 생산원가 수준까지 떨어진 상황에서 유가가 반등하자, 원유 펀드로 상당한 수익을 올린 사람들이 적지 않았다. 이를 보고 너도나도 원유 펀드에 뛰어들면서 원유 펀드가 큰 인기를 끈 것이다.

하지만 2016년 초와 같이 유가가 생산단가보다도 떨어진 특수한 상황이 아니라면 원유 펀드나 원자재 펀드를 주력 투자 대상으로 삼는 것은 바람직하지 않다. 원유나 원자재 펀드는 대부분 원유 실물이 아닌 선물(Futures)에 투자하는 파생상품이어서 예상치 못했던 거래 비용이 발생할 수 있기 때문이다.

'선물 거래'란 일정 시기에 물건을 넘겨주기로 하고 미리 계약하는 거래 방식을 말한다. 예를 들어 '5월물 브렌트유'라면 5월에 브렌트 원유를 인도하는 계약이다. 그런데 만일 원유 펀드 운용 회사가 5월물 브렌트유 선물을 사서 5월까지 보유하게 되면 원유 실물을 직접 넘겨받아야 하는 사태가 일어난다.

이처럼 펀드 운용 회사가 실제로 원유를 인도받으면 정말 골치 아픈 일이 생긴다. 원유 운송료는 물론 각종 보관 비용이 들기 때문이다. 이 때문에 펀드 운용사들은 선물 인도 시기 이전에 선물을 팔고 더 먼 선물을 사는 롤오버(Roll Over)를 하게 된다.

그런데 대체로 원유 선물은 인도 시점에 가까울수록 값이 싸지는 경향이 있다. 즉, 같은 브렌트유 선물이라도 7월물이 5월물보다 비싼 경우가 많다.• 이때 값싼 5월물을 팔고 더 비싼 7월물로 롤오버하게 되면 원유 값이 올라도 그만큼 수익을 보지 못하거나 심지어 손해를 볼 수도 있다.

• 이처럼 선물 가격이 현물 가격보다 높거나 결제월이 멀수록 선물 가격이 높아지는 현상을 콘탱고(Contango) 라고 한다.

이 같은 손실이 지속적으로 쌓이면 수익률에서 불리해질 수밖에 없기 때문에 원유 펀드는 장기 투자에 적합하지 않다. 바닥을 친 유가가 이제 곧 상승할 것이 확실하다고 생각될 때 단기적으로 투자하는 것이 좋다. 그런데 초보 투자자들이 이런 판단을 하기는 상당히 어렵기 때문에 원유 펀드로 돈을 번다는 것은 쉬운 일이 아니다.

ELS, 초보 투자자라면 피해라!

이 같은 측면에서 볼 때 ELS(Equity-Linked Securities, 주가연계 증권)도 초보자가 투자하기 어려운 상품이다. ELS는 어떻게 상품이 구성되고 작동하는지 금융회사 직원도 정확히 이해하지 못하는 경우가 적지 않다. 이렇게 정확한 손익 구조도 모르는 상품에 어떻게 자신의 소중한 재산을 맡긴단 말인가?

더구나 ELS의 가장 큰 문제는 수익률 상한선이 고정되어 있는 반면 원금 손실 가능성은 완전히 열려 있다는 점이다. 이 때문에 일단 손실을 보기 시작하면 손실이 급속히 불어나도 대처하기가 쉽지 않다. ELS의 기초자산이 되는 주가 지수나 개별 종목 주가가 어떻게 움직일지 내다볼 수 있을 정도로 숙련된 투자자가 아니라면 ELS를 피하는 것이 좋다.

계륵이 되어버린 연금 저축

노후를 대비하기 위한 연금 저축은 어떨까? 만일 2000년 12월 이전에 개인연금보험에 가입했다면 당신은 행운아다. 그 뒤에 나온 어떤 금융 상품도 이 상품의 수익률이나 세제 혜택을 넘어서기 어렵기 때문에 무슨 일이 있어도 계약을 유지하는 것이 유리하다. 하지만 이 상품은 보험사에 큰 부담이기 때문에 보험사가 해지를 유도하는 경우가 많으므로 조심해야 한다.

2001년 이후에 가입한 연금 저축은 이제 그 득실이 상당히 애매해진 상황이다. 연금 저축은 소득 공제를 받을 수 있었던 2014년까지 과표 구간이 4600만 원 이상인 경우 연말정산 시 납입한 보험료의 26.4%, 8800만 원 이상인 경우엔 38.5%를 돌려받을 수 있어 중·고소득자들의 노후 대비에 매우 유용한 금융 상품이었다.

하지만 2014년 이후 연금 저축 세제 혜택이 소득 공제에서 세액 공제로 바뀐 다음에는 총 급여액이 5500만 원 이상인 경우 납입한 보험료의 13.2%, 5500만 원 이하인 경우 16.5%를 돌려받게 됐다. 저소득층에게 더 많은 혜택이 돌아가도록 한 세법의 취지는 좋지만, 대신 중·고소득자들에게 연금 저축의 매력이 반감되고 말았다.

연금 저축은 소득 공제나 세액 공제를 받는 대신 노후에 연금을 수령할 때 연금 총액의 3.3~5.5%를 세금으로 내도록 되어 있다. 그런데 보험사에서 가입하는 연금 저축 보험이든, 은행에서 가입하는 연금 저축 신탁이든 모두 사업비나 수수료로 떼어가는 돈이 만만치 않기 때문에 가입하는 것이 반드시 이득이라고 확언하기는 어렵다.

이 때문에 국민연금이나 개인연금과 달리 연금 저축은 이제 계륵이 되었다고 할 수 있다. 말 그대로 연금 저축은 큰 쓸모나 이익은 없지만 그렇다고 버리기에는 조금 아까운 상품이다. 특히 중도에 해지하면 온갖 불이익이 있기 때문에 충분한 여유 자금이 있는 경우에만 가입하는 것이 좋다.

또 연금 저축 중 증권사에서 가입하는 연금 저축 펀드는 예금자 보호 대상이 아니지만, 보험사와 은행에서 가입한 경우에는 5000만 원까지 예금자 보호를 받을 수 있다. 그러기 위해서는 한 금융회사에서 가입한 금액이 5000만 원을 넘지 않도록 두세 곳으로 나누어서 가입하는 것이 안전하다. 연금 저축의 경우 워낙 가입 기간이 길기 때문에 지금 아무리 튼튼한 회사라 해도 수십 년 후에까지 100% 안전하다고 자신하기는 어렵기 때문이다.

공짜 점심은 없다!

저축성 보험 상품에 가입할 때도 상품의 구조를 잘 이해하는 것이 중요하다. 저축성 보험은 보험료 중 상당 금액을 사업비(일종의 수수료) 명목으로 제한 후 나머지만 적립이 되기 때문에, 저축성 보험에 가입한 지 7~8년이 지나도 원금조차 되지 않는 경우가 많다. 더구나 중도 해지했을 때의 손해가 크므로 다른 금융 상품에 비해 환금성이 크게 떨어진다.

저축성 보험의 강점이 있다면 소득 공제나 이자소득세 감면 등 각종 세제 혜택이라고 할 수 있다. 저축성 보험의 치명적인 약점을 정부가 나서서 보완해주고 있는 셈이다. 하지만 세제 혜택이 있다고 해도 과연 다른 금융 상품보다 유리한지, 또 자신의 상황에 맞는지 꼼꼼히 따져보고 가입해야 한다.

사실 저금리 시대로 돈을 굴릴 곳이 마땅치 않아졌다. 그런데 금융 기법은 갈수록 발달하면서 우리를 유혹하는 새로운 투자 상품이 연일 쏟아져나오고 있다. 새로운 투자 상품의 홍수 속에서 자신에게 유리한 상품을 골라내기란 정말 쉽지가 않다.

이런 상황에서 위험한 상품을 솎아내는 가장 중요한 투자 원칙은 세상에 '공짜 점심(Free Lunch)'이란 없다는 것이다. 만일 엄청난 수익과 동시에 안전성까지 약속하는 '믿을 수 없을 만큼 환상적인 투자 상품'이 있다 한다면, 그 상품은 실제로 '믿을 수 없는 상품'이라는 것을 명심해야 한다.

일확천금보다
안정된 노후를 원한다면

투자 포트폴리오에 무엇을 담을 것인가?

이제 자신이 투자할 수 있는 대상을 위험자산과 안전자산, 그리고 피해야 할 자산으로 정리했다. 그다음 할 일은 실제로 자신의 투자 포트폴리오에 담을 자산을 선정하는 것이다.

이때 가장 좋은 투자 대상은 우선 자신이 잘 알고 있는 자산이다. 만약 잘 아는 자산이 없다면 무턱대고 투자하기보다 여유를 갖고 천천히 연구해나갈 필요가 있다.

투자할 자산을 선정할 때는 가급적 가격의 움직임이 정반대인 자산을 함께 선정하는 것이 좋다. 즉, 개발도상국이나 우리나라의 주가는 미국 국채 가격과 반대 방향으로 움직이는 경우가 많았기 때문에 투자 위험을 분산하는 효과가 있다.

하지만 최근에는 경제의 불확실성이 커지면서 예전의 경제 법칙이나 경험이 더 이상 적용되지 않는 경우도 빈번하므로 과거의 데이터를 너무 맹신하는 것은 좋지 않다.

특정 자산 투자비중은 25% 이하가 적당

투자 자산을 선정했다면 그다음은 자산 배분의 목표를 세워야 한다. 이때 특정 자산의 투자 비중이 전체 투자 규모의 25%를 넘기지 않는 것이 좋다.

아무리 좋은 자산이라도 지금처럼 우리가 믿었던 모든 경제 법칙이 흔들릴 만큼 불확실성이 커진 상황에서는 전체 투자의 4분의 1 이상을 한 자산에 집중하는 것은 너무나 위험하다.

단, 수익형 상가나 빌딩 등 부동산은 투자 단위가 워낙 크기 때문에 이 비율을 넘어설 수밖에 없는 경우가 많다. 이런 경우에는 부동산과 반대 방향으로 움직이는 자산을 포트폴리오에 포함시키거나, 최소한의 안전자산을 확보하는 등 위험 관리에 더욱 만전을 기해야 한다. 또 부동산 투자가 너무 과도할 경우에는 다운사이징을 통해 자신의 자산 규모와 비교해 적절한 수준으로 조정해두는 것이 좋다.

투자 시점은 어떻게 분산해야 할까?

이렇게 투자할 자산을 선정하고 투자 비중까지 사전에 결정했다면, 이제는 실전에 나설 차례다. 이때는 한꺼번에 투자하는 것보다 시간을 두고 점진적으로 투자 비중을 늘려나가는 것이 좋다.

흔히 투자 대상을 분산하는 데만 신경을 쓰는데, 사실 투자 대상보다 더 중요한 것은 바로 투자 시점을 분산하는 것이다. 투자 대상의 특성에 따라 짧게는 6개월에서 길게는 10년까지 장기적인 시각으로 투자 비중을 서서히 높여가는 것이 좋다.

물론 조금이라도 더 빨리 돈을 벌고 싶다는 조바심에 사로잡혀 당장 눈앞에 다가온 기회를 잡겠다고 한꺼번에 목돈을 투자하는 투자자들이 적지 않다. 물론 상황에 따라서는 그런 결단이 필요한 경우도 있다.

하지만 매번 그런 방식으로 투자하면 투자 리스크가 높아져 돈을 잃을 위험도 커지게 된다. 다가오는 '저수익률 시대'에는 한 번만 돈을 잃어도 이를 복구하기가 쉽지 않기 때문에, 가급적 투자 시점을 분산하되 목돈을 한꺼번에 투자할 경우에는 리스크 관리에 더욱 역점을 두어야 한다.

이렇게 투자 포트폴리오가 완성되고 시간이 지나면, 투자 대상에 따라 투자 수익률은 큰 차이가 날 것이다. 물론 투자를 할 때마다 성공하면 좋겠지만, 예상과 현실이 언제나 일치하기는 쉽지 않은 법이다.

투자를 시작한 지 일정 기간이 지나면 큰 수익을 낸 자산도 있고, 오히려 기대와 달리 손실을 본 자산도 있을 것이다. 이 경우 큰 이득을 본 자산의 투자 비중을 줄여 현금화하거나 다른 투자 대상을 찾는 방식으로 포트폴리오를 꾸준히 재조정해나가는 것이 좋다.

물론 이 같은 투자 방식으로 일확천금을 꿈꾸기는 어려울 것이다. 하지만 저금리 시대에 투자에 실패할 위험을 강력히 통제하면서 시장 수익률보다는 훨씬 더 나은 수익률을 추구할 수 있다. 그리고 이러한 안정적이고 체계적인 자산 운용이 우리의 노후를 지키는 강력한 버팀목이 될 것이다.

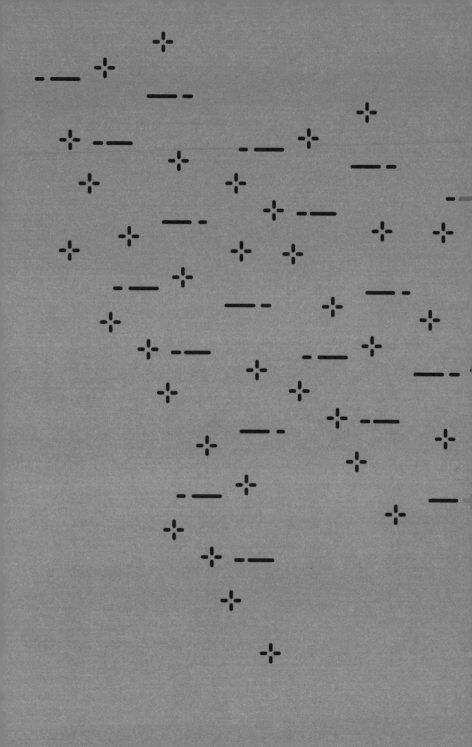

PART

06

빛지게 만드는
재테크의 유혹을
뿌리쳐라

이왕 하는 재테크,
빚내서 큰돈을 굴려볼까?

고수익률 뒤에 숨겨진 진실

남보다 더 빨리 더 많은 돈을 벌고 싶어 하는 것은 인간의 기본적인 욕망이다. 그리고 이 같은 욕망을 충족하기 위한 가장 손쉬운 방법이 바로 남의 돈을 빌려 투자하는 것이다.

'돈 한 푼 없이 집을 100채 샀다'거나 '수백만 원으로 투자를 시작해 100억 원을 벌었다'는 놀라운 수익률을 자랑하는 재테크 기법의 숨겨진 실체는 바로 위험천만한 'LTCM 투자법'이다.

이 투자 비법은 결국 투자할 때마다 매번 자기가 빌릴 수 있는 한도까지 돈을 빌려 그 돈을 모두 한곳에 집중시키는 위험한 투자를 끝없이 반복하는 방법이다. 물론 경기가 좋을 때는 이런 투자 방법이 손대기만 하면 모두 황금으로 변하는 '미다스의 손(Midas touch)'처럼 느껴질지도 모른다.

하지만 이러한 투자 성공에 취해 빚에 의존한 투자를 끝없이 반복하면 이는 마치 목숨을 건 러시안 룰렛 게임을 반복하는 것과 같다. 만일 당신의 투자 성공 확률이 아주 높아서 무려 90%에 이른다고 가정해보자. 하지만 이런 게임을 열 번 반복하면 연속으로 성공할 확률은 35%, 스무 번을 반복하면 12%, 쉰 번을 반복하면 0.5%로 떨어진다. 이 때문에 단 한 번의 실패로 모든 것을 잃을 수 있는 투자를 끝없이 반복하는 것은 무모한 일이다.

아무리 확실하고 안전한 투자처라 하더라도 과도한 빚을 지는 것만큼은 매우 신중해야 한다. 노벨 경제학상 수상자들이 장담했던 99.99% 안전한 LTCM의 투자 방식조차 실패할 수 있는 것이 바로 시장이기 때문이다. 투자 금액 중에서 빚으로 조달한 비중이 크면 클수록 시장의 작은 흔들림만으로도 자신이 이룩한 모든 것을 하루아침에 잃어버릴 수 있기 때문에 주의해야 한다.

LTCM 투자법의 실체

존 메리웨더(John Meriwether)는 월스트리트에서 누구보다도 똑똑하고 야심 찬 인물이었다. 그는 상식을 뒤집는 공격적인 투자로 명성을 얻으며 마흔한 살에 미국의 투자 은행인 살로먼 브라더스(Salomon Brothers)에서 부회장으로 승진했지만, 미국 국채 사기 혐의에 연루되어 불명예 퇴진을 하게 된다.

그러나 그는 권토중래(捲土重來)하며 재기를 모색하기 시작했다. 그래서 노벨상까지 받은 뛰어난 천재 경제학자 로버트 머튼(Robert Merton), 마이런 숄즈(Myron S. Scholes)와 손잡고 LTCM이란 약자로 더 잘 알려진 헷지펀드 '롱 텀 캐피탈 매니지먼트(Long-Term Capital Management)'를 세웠다.

업계와 학계를 대표하는 천재들의 만남은 큰 화제를 불러일으켰다. 그리고 그 명성에 걸맞게 회사를 만든 이듬해인 1995년, 수수료를 제외한 연 수익률이 무려 43%라는 경이적인 기록을 세웠다. 그 덕에 1998년에는 자본금이 47억 달러(약 5조 3000억 원)가 될 정도로 빠르게 성장했다.

그런데 이같이 엄청난 고수익을 올릴 수 있었던 비밀은 바로 천문학적인 규모의 부채였다. 1998년 LTCM은 자본금의 스물여섯 배가 넘는 무려 1245억 달러(약 140조 6000억 원)를 빌려 투자를 했다. 이렇게 남에게 빌린 돈으로 투자를 하면 아주 작은 수익이 나더라도 성과는 엄청나게 부풀어오른다.

예를 들어, 내 돈이 2억 원일 때 98억 원을 빌려 총 100억 원을 투자했다고 가정해보자. 이때 이자를 제외한 수익률이 1%만 되면 1억 원을 벌 수 있다. 이 경우 내 돈 2억 원을 투자해 50%의 수익률을 올린 것이 된다. 이처럼 이익이 날 때는 빌린 돈의 비중이 클수록 수익률이 높아진다.

하지만 반대로 1%라도 손실이 나면 어떻게 될까? 전체 투자금액 100억 원에 비해 1억 원의 손실은 사실 큰 손실이라고 할 수 없지만, 내가 투자한 2억 원의 절반을 잃어버리는 셈이 된다. 그리고 손실이 10%라면 내가 가진 돈의 무려 다섯 배를 잃어버리게 되는 것이다. 자기 자본의 스물여섯 배를 빌려서 투자했던 LTCM은 단 한 번의 실패로 파산했고, 그 결과 미국 경제에도 엄청난 충격을 주었다.

저금리의 유혹에 넘어가지 마라

특히 최근에는 금리가 지속적으로 하락하자 너도나도 돈을 빌려 투자에 나서고 있다. 말 그대로 '돈값'이 싸졌기 때문에 지금이라도 당장 빚을 지고 투자에 나서야 한다고 부추기는 재테크 책들도 쏟아져나오고 있다. 하지만 '돈값'이 싸졌다는 생각만으로 무턱대고 돈을 빌려 투자에 나섰다가는 큰 낭패를 볼 수 있다.

우리보다 먼저 초저금리가 시작된 일본에서는 은행 평균 대출 금리가 이미 2012년부터 연 1% 이하로 떨어졌다. 하지만 이렇게 돈값이 싼데도 일본인들은 좀처럼 돈을 빌려 섣불리 투자에 나서지 않는다. 장기 불황이 시작된 이후 지난 20여 년 동안 아무리 저금리로 돈을 빌려도 그만큼 수익을 낼 수 있는 곳을 찾기가 어렵기 때문이다.

돈을 빌려 투자할 때는 예상하지 못한 손실을 어느 정도까지 견딜 수 있느냐가 중요하다. 작은 손실만으로도 모든 재산을 잃어버릴 만큼 빚에 의존해 투자하는 것은 매우 위험하다. 특히 지금처럼 경제 환경이 빠르게 바뀌고 있는 상황에서는 이 같은 위험을 더욱 철저히 관리해야 한다.

투자하려고 빌린 돈은 '좋은 빚'일까?

'부자 아빠' 기요사키의 몰락

1947년 미국 하와이 주에서 태어난 로버트 기요사키(Robert Kiyosaki)는 어렸을 때부터 돈을 벌어야겠다는 강렬한 열망에 사로잡혀 있었다. 월급이 1,000달러도 안 되던 스물일곱 살 때 무려 385달러를 내야 하는 이틀짜리 부동산 강연을 신청할 정도로 열정적이었다. 그리고 이 강연을 듣자마자 바로 실천에 옮겨 하와이 마우이 섬에 있는 1만 8,000달러(약 2030만 원)짜리 콘도를 샀다.[1]

하지만 모아둔 돈이 한 푼도 없었던 기요사키는 콘도 가격의

10%인 계약금을 신용카드로 지불하고 나머지 90%는 은행 빚으로 조달했다. 그야말로 한번도 투자해본 적이 없는 초보 투자자가 부동산 투자 강연 한번 듣고 빌린 돈만으로 임대용 콘도를 사는 무모한 투자를 감행한 것이다. 만일 예상이 조금만 빗나갔다면 바로 파산할 만큼 너무나 위험한 시도였다.

하지만 당시 기요사키는 '초심자의 행운(Beginner's Luck)'을 누렸다. 때마침 마우이 섬이 관광지로 인기를 끌면서 콘도 예약이 줄을 이었고, 덕분에 대출 이자를 내고도 매달 25달러가 남았다.

게다가 콘도 가격이 금세 두 배로 오르자 기요사키는 이 투자 성공을 평생 자랑으로 여기며 빚을 지더라도 자신처럼 돈을 버는 데 성공하면 '좋은 빚'이라고 주장했다.

이 같은 투자 성공에 자신감을 얻은 기요사키는 당시 근무하던 제록스(Xerox)사를 그만두고 서른 살의 나이에 나일론 지갑을 만드는 회사를 창업했다. 그는 돈을 벌기 위한 빚인 이른바 '좋은 빚'을 마구잡이로 내서 사업을 시작했고, 불과 한두 해 만에 직원이 무려 380명이나 되는 회사로 급성장시켰다. 하지만 빚더미에 의존한 무리한 사업 확장은 고작 3년 만에 파산으로 끝났다.

그는 자신이 굳게 믿었던 '좋은 빚'으로 사업에서 참담하게 실패했지만, 이후에 '좋은 빚'이라는 솔깃한 내용을 내세우는 강연으로 다시 재기에 성공했다. 그리고 그의 저서인 『부자 아빠, 가난한 아빠(2000)』[2]가 2000만 부나 팔리는 공전의 히트를 치면서, 드디어

꿈에 그리던 부자 아빠가 되는 데 성공했다. 이 책은 재테크 열풍이 불어닥친 2000년대에 우리나라에 소개되면서, 돈을 벌기 위해 빚을 내는 것은 부자의 미덕이라는 생각을 심어주었다.

하지만 정작 기요사키는 2012년 자신이 소유한 리치 글로벌이란 회사의 파산을 선언해야 했다. 무려 2400만 달러(약 270억 원)에 이르는 돈을 갚지 못했기 때문이다. 더구나 기요사키가 고의 파산을 했다는 소문까지 돌면서 경제 멘토로서의 명성과 신뢰에도 완전히 금이 갔다.

그렇다면 그의 조언대로 '좋은 빚'을 빌려 투자에 나선 사람들은 파산으로 끝난 기요사키와는 다른 길을 갈 수 있을까?

한국에서 '좋은 빚'은 통하지 않는다

2000년 이전만 해도 우리나라 사람들은 다른 어떤 나라보다도 빚을 지는 데 보수적이었다. 더구나 은행 문턱도 높았기 때문에 가계가 돈을 빌리기도 쉽지 않았다.

이 때문에 외환 위기가 오기 직전이었던 1997년 4분기에 기업 부채는 GDP의 109.4%였지만, 가계부채는 그 절반도 안 되는 51.1%에 불과했다.[3]

그러나 2000년대 들어서 투자를 위해 돈을 빌리는 것은 '좋은 빚'이라는 생각이 급속히 퍼지고, 은행들도 기업보다 가계대출에

열을 올리면서 가계빚이 급속히 늘어나기 시작했다.

때마침 출판된『부자 아빠, 가난한 아빠』에서 기요사키는 '좋은 빚'을 빌려 하루 빨리 투자에 나서는 것이 부자가 되는 지름길이라고 주장했다.

하지만 집값의 100%를 빌려도 '좋은 빚'이라고 생각하는 기요사키식 투자 방법은 집값이 지속적으로 오를 때나 가능한 이야기다. 이 같은 방식으로 투자했다가 만일 집값이 조금이라도 떨어지면 단 한 번의 투자 실패로 모든 것을 잃어버리고 평생을 빚에 저당 잡혀 살아가게 될지 모른다.

그런데 왜 이렇게 무리하게 많은 돈을 빌려 투자를 하는 것일까? 감당할 수 없을 정도로 많은 돈을 빌리는 이유는 돈을 더 빨리 벌어야 한다는 조급함 때문이다. 하지만 이런 방식의 투자는 그만큼 실패할 위험이 커진다. '좋은 빚'이라는 개념을 설파해왔던 기요사키도 두 번이나 회사를 파산으로 몰고 갔다는 사실에 주목할 필요가 있다.

물론 미국에서는 파산한 사람에 대해 비교적 관대한 정책을 적용하고 있기 때문에 기요사키는 자신의 회사를 파산시키고도 재산의 상당 부분을 지킬 수 있었다. 하지만 채무자에게 무한책임을 지우는 우리나라에서는 그런 식으로 한번만 파산했다가는 평생 신용불량이란 낙인이 찍혀 재기하기가 매우 어렵다는 점을 명심해야 한다.

워런 버핏의 경고를 명심하라

이와 대조적으로 불패의 투자자인 워런 버핏은 감당할 수 없을
만큼 과도한 빚을 지고 투자에 나서서는 안 된다며 엄중히 경고
해왔다. 그는 2008년 버크셔 해서웨이 주주총회에서 "특별한 기
회가 보이면 재산의 75%를 투자하는 것이 맞다. 그러나 재산의
500%를 투자하면 안 된다"고 강조했다.

투자했다 하면 거의 다 성공했던 버핏이 만일 빚을 내서 투자
했다면 수익률을 훨씬 더 높일 수 있었을 것이다. 하지만 그는 빚
을 내서 투자하는 것이 얼마나 위험한 일인지 잘 알기에 빚을 내
서 투자한 적이 거의 없다. 그러니 투자 성공률이 버핏과는 비교
할 수 없을 정도로 낮은 일반 투자자들이 과도한 빚을 지고 투자
에 나서는 것은 너무나 무모한 일이다.

이 때문에 빚을 내서 투자할 때는 그 빚이 자신의 미래를 위협
하는 '나쁜 빚'으로 전락하지 않도록 위험 요인을 철저하게 검토
해야 한다. 나쁜 빚이 좋은 빚이 될 수는 없지만, 아무리 좋은 빚
이라도 조금만 오판하면 한순간에 나쁜 빚으로 전락할 수 있다
는 점에 유의해야 한다.

왜 내가 산 주식은
항상 끝물일까?

조폐국장이었던 뉴턴이 투자에 실패한 이유

주식이든 부동산이든 왜 내가 사기만 하면 매번 최고가를 찍고 추락하는 것일까? 한두 번도 아니고 매번 정점일 때 샀다가 가격이 떨어지는 걸 경험해본 사람이라면 나만 운이 없는 건지 고민해봤을 것이다. 하지만 이는 결코 머리가 나빠서가 아니다. 최고의 천재라 불렸던 뉴턴도 주가가 최고점에 이르렀을 때 주식을 샀다가 곧바로 폭락하는 바람에 파산 위기를 겪었기 때문이다.

뉴턴은 천재 물리학자였을 뿐만 아니라 18세기 당시 영국의 조폐국장을 할 정도로 금융에도 조예가 깊었다. 더구나 남보다 빨리 투자 정보를 얻을 수 있었던 덕에 당시 대영제국 식민지 무역의 독점권을 부여받은 남해회사(The South Sea Company)에 일찌감치 투자해 큰돈을 벌 수 있었다.

하지만 자신이 주식을 팔고 나간 뒤에도 주가가 치솟자 조바심이 난 뉴턴은 훨씬 더 많은 돈을 들여 자신이 팔았을 때보다 비싼 가격으로 남해회사 주식을 사들였다. 하지만 이번에는 주가가 곧바로 최고점을 찍고 폭락하기 시작했다.

▶ 뉴턴이 투자했던 기업의 주가 변동 그래프 ◀

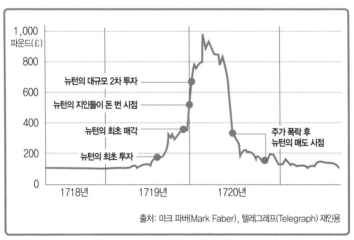

출처: 마크 파버(Mark Faber), 텔레그래프(Telegraph) 재인용

뉴턴은 이 투자 실패로 2만 파운드를 잃었다. 지금 물가 수준으로 환산하면 무려 300만 파운드(약 42억 원)나 되는 돈이었다.[4] 뉴턴은 이처럼 최고점일 때 들어갔다가 참담한 투자 실패를 한

이후 "천체의 움직임은 한 치의 오차도 없이 계산할 수 있어도 인간의 광기는 계산할 수 없다"는 유명한 말을 남겼다.

왜 우리는 하필 상투에서 사는 실패를 거듭하는 것일까? 사실 신기술이나 정보의 확산 과정을 보면 우리가 최고점에 이르렀을 때 투자를 시작하는 것은 너무나 당연한 일이다.

주식 정보는 어떻게 확산되는가

새로운 정보나 신기술이 확산되고 전파되는 과정은 S자를 눕혀 놓은 것과 같은 모양의 시그모이드(Sigmoid) 곡선을 따르는 경우가 많다.

옆의 그래프처럼 처음에는 확산 속도가 느리지만 임계점을 넘어서면 급속히 퍼져나간다. 그 대표적인 사례로 종종 인용되는 것이 바로 미국의 자동차 보급률이다.

1886년 발명된 자동차는 1890년부터 본격적으로 일반인들에게 판매되기 시작했다. 1914년 미국의 자동차 보급률은 처음으로 10%를 넘어섰다. 그런데 1914년부터 갑자기 보급률이 급격히 높아지면서 1928년에는 90%가 됐다.

즉, 자동차가 처음 일반인들에게 판매된 이후 보급률 10%가 될 때까지 14년이 걸렸는데, 10%에서 90%로 높아질 때까지도 14년밖에 걸리지 않았다.[5]

▶ 시그모이드 곡선을 나타내는 자동차 보급률 ◀

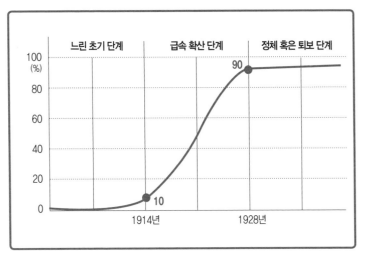

새로운 정보가 확산될 때에도 자동차 보급률과 비슷한 방식으로 퍼져나간다. 먼저 '느린 초기 단계'에는 10%의 사람들이 알게 될 때까지 상당한 시간이 걸린다. 하지만 일단 서로의 상호작용을 통해 정보가 빠르게 퍼져나가는 '급속 확산 단계'로 접어들면, 10%에서 90%로 순식간에 정보가 확산된다. 그리고 정보의 확산이 90%에 이르면 오히려 관심이 식으면서 확산 속도는 둔화된다.

뉴턴의 투자 실패는 이런 시그모이드 확산의 대표적인 경로를 따라가고 있다. 조폐국장을 역임했던 뉴턴은 남보다 빠르게 남해회사의 정보를 입수해 싼값에 주식을 샀고 돈을 벌 수 있었다.

그러나 누구보다 빠르게 정보를 입수했던 뉴턴은 가격이 두 배 정도 오르자 그만 주식을 팔아버리고 말았다.

하지만 뉴턴이 팔고 나간 뒤 남해회사에 대한 정보가 급속히 확산되는 임계점(Critical Point)을 넘어서자 남해회사에 대한 정보가 빠르게 퍼져나갔다. 그 결과 일반인들까지 너도나도 남해회사 주식을 사들이자 주가가 급등했다. 하지만 정보 확산이 정체 또는 둔화되면서 더 이상 남해회사 주식을 사려는 사람이 등장하지 않자 주가는 한순간에 급락했다.

'돈 되는 주식 정보'로도 실패하는 이유

이처럼 정보가 시그모이드 곡선을 따라 퍼져나가면 초기 단계에 정보를 입수하는 사람은 대체로 극소수에 불과하고, 이미 정보가 급속히 확산될 때 뒤늦게 정보를 입수한 사람이 다수가 될 수밖에 없다. 이 때문에 주식 시장의 '돈 되는 정보'는 정보 확산이 90%에 가까워졌을 때 비로소 당신에게 전달되는 경우가 많다.

더 안타까운 것은 뉴턴처럼 초기 단계에 정보를 입수했더라도 정보의 느린 확산 단계에는 주가가 잘 움직이지 않기 때문에 지쳐서 일찌감치 주식을 팔아버리거나, 의심만 하고 선뜻 뛰어들지 못하다가 나중에 정보의 급속 확산 단계에 이르러 주가가 급등한 이후에야 본격적으로 주식을 사는 경우가 적지 않다는 점이다.

하지만 정보 확산이 90%에 가까워져 알 만한 사람은 모두 다 아는 상황이 되면, 새로 주식을 사려는 사람이 급격히 줄어들면서 주가 상승세가 둔화되거나 심지어 하락세로 돌아선다. 이 때문에 꼭지에 주식을 사서 오랫동안 물려 있거나 아니면 돈을 잃게 되는 경우가 적지 않다.

물론 성장하는 기업의 주가는 이런 과정을 반복하면서 저점과 고점이 지속적으로 동반 상승한다. 버핏은 이런 정보의 확산에 따른 주가 급등락에 휘둘리지 않고, 장기간 주식을 보유해 엄청난 수익률을 기록했다.

하지만 대부분의 투자자들은 최고점에서 샀다가 주가가 둔화되거나 하락세로 접어들었을 때 파는 것을 반복하면서 '왜 내가 사기만 하면 정점일까'라며 자신의 운만 탓하게 된다.

이런 상황에서 심지어 빚을 지고 주식에 투자한다면 어떻게 될까? 이런 과정을 겪더라도 좋은 기업의 주가는 다시 바닥을 다지며 언젠가 주가가 반등하겠지만, 빚내서 투자한 사람은 이를 기다리지 못하고 주식을 팔 수밖에 없다. 이 때문에 조급한 마음에 빚까지 내서 주식 투자를 하는 것은 상당히 위험한 일이다.

이 같은 시그모이드 곡선에 따른 정보 확산과 이에 따른 자산 가격의 급등락 현상은 채권이나 부동산은 물론 금, 원자재 시장 등에서도 목격할 수 있다.

이 때문에 투자를 시작하려면 정보 확산 과정에 따른 시장의 흐름을 본인이 직접 관찰하고 다양한 경험을 쌓아나가는 것이 좋다. 즉, 과거의 데이터를 보는 것만으로는 정보의 확산 과정을 체감할 수 없다는 점을 명심해야 한다.

말로만 경제 위기,
실제로 달라지는 건 없다?

왜 우리는 위기가 보내는 신호를 무시하는가?

1931년 허버트 하인리히(Herbert William Heinrich)는 여행자 보험
회사인 트래블러스 보험사(Travelers Insurance Company)의 손해관
리 부서를 담당하며 수많은 통계를 다루었다. 그런데 그가 7만
5,000건의 산업재해를 분석한 결과, 매우 흥미로운 법칙을 하나
발견했다. 즉, 대형 사고가 일어나기 전에 아주 여러 차례의 전조
(前兆)가 있었다는 것이다.

그는 산업재해로 사람이 사망하거나 중상을 입는 큰 사고가
한 건 일어났다면, 그 전에 같은 원인으로 사람이 경상을 입는 스

PART 06 | 빚지게 만드는 재테크의 유혹을 뿌리처라 **291**

물아홉 번의 사고가 일어났고, 또 운 좋게 피했지만 같은 원인으로 다칠 뻔했던 사건이 300번이나 일어났다는 사실을 밝혀냈다. 즉, 중상과 경상, 그리고 사소한 사고의 비율이 1:29:300의 비율로 일어났다는 것이다. 이를 그의 이름을 따서 '하인리히 법칙(Heinrich's Law)'이라고 부른다.

최악의 경제 위기가 찾아오기 전에도 이처럼 크고 작은 전조들이 일어난다. 그런데 이 같은 전조들이 처음 나타날 때는 당장이라도 위기가 올 것처럼 호들갑을 떨지만, 전조가 계속 반복되면 결국 만연해지는 위기론에 지치게 되고, 정작 위기가 눈앞에 닥쳐올 때는 이를 무시하게 된다. 그 결과 경제 위기의 직격탄을 맞고 큰 손해를 보고 나서야 뒤늦게 후회를 하는 경우가 반복되어왔다.

1970년 스태그플레이션은 물론, 1980년대 중남미 위기나 1998년 동아시아 위기, 2008년 글로벌 금융 위기 등 심각한 경제 위기가 10여 년마다 반복되고 있는데도 위기가 닥쳐오기 직전까지 이번에는 과거와 달리 위기를 피해갈 수 있을 것이라며 눈앞의 위기를 무시해왔다.

하지만 미국의 경제학자인 케네스 로고프와 카르멘 라인하트는 자신들의 저서 『이번엔 다르다』[6]에서 낙관적 자기 최면은 언제나 혹독한 배신으로 돌아왔다며 엄중히 경고하고 있다.

큰 위기가 오기 직전에 작은 위기의 징후들이 계속해서 나타나는 것은 너무나 당연한 일이다. 이런 징후들이 당장 위기로 연결되지 않았다고 무시한다면, 무방비 상태에서 위기를 맞이하는 우(愚)를 범하게 될 것이다.

가계부채는 이미 위험 수준을 넘어섰다

2016년 3월 국제결제은행의 조사 결과, 우리나라의 GDP 대비 가계부채가 무려 87%를 기록해 2위를 차지한 태국(71%)을 큰 격차로 따돌리고 조사 대상인 열일곱 개 신흥국 중에서 독보적인 1위를 차지했다.[7] 국제금융협회(IIF)는 가계부채 비율이 85%를 넘어서면 부채 위기가 시작될 가능성이 큰 것으로 보기 때문에, 우리나라는 이미 국제적 기준으로 위험 수준을 넘어선 셈이다.

더구나 우리나라의 가계부채 상황은 글로벌 금융 위기 직전의 미국보다 훨씬 심각하다. 2015년 말 가계의 가처분 소득 대비 부채 비율은 170%를 넘어 글로벌 금융 위기 당시 미국의 135%를 훌쩍 뛰어넘었다.

경제대국인 미국조차 135%의 가계부채 비율을 견디지 못하고 금융 위기를 겪었는데, 미국보다 더 심각한 상황에서도 멈추지 않고 빚이 지속적으로 불어나고 있는 우리나라가 부채 위기를 무사히 넘길 것이라고 낙관하기는 어렵다.

그나마 우리가 가계부채 위기를 넘길 수 있는 길은 가계소득이 늘어나는 것이다. 가계소득이 늘어 가계가 빚을 갚을 수 있는 여력이 커지면 부채 문제는 자연스럽게 해소될 수 있기 때문이다. 하지만 우리나라의 성장 동력이 크게 약화된데다 정부의 정책이 기업의 이윤을 높이는 데 집중되어 있기 때문에 가계소득 증가를 기대하기가 쉽지 않은 상황이다.

결국 경제 성장과 소득 증대를 통해 빚 문제가 해결될 가능성은 너무나 희박하다. 그렇다고 가계가 지금과 같은 어마어마한 규모의 빚더미를 그대로 유지할 수도 없다. 결국 앞으로 어떤 방식으로든 가계소득 대비 가계부채가 감당할 만한 수준으로 낮아지는 디레버리징(Deleveraging) 현상 ●이 시작될 수밖에 없다.

● 자기자본 대비 차입 비율이 낮아지는 현상

그런데 일본의 20여 년 장기 불황에서 이미 목격한 것처럼 디레버리징 과정에서 나타나는 만성적 경기 불황은 오랫동안 우리 경제를 괴롭힐 것이다. 특히 1998년 급성으로 찾아왔던 외환 위기보다 훨씬 치명적이고 회복하기도 쉽지 않을 것이다.

만약 우리가 만성적 경기 불황에 과감하고 신속하게 대응하지 못한다면, 마치 서서히 뜨거워지는 냄비 속의 개구리처럼 결국 몰락을 맞이하게 될 것이다.

눈앞에 다가온 장기 불황

지금처럼 소득이 늘어나지 않는 상황에서 계속 빚 부담만 커지면, 마침내 원리금을 감당할 수 없게 된 가계는 소비를 줄일 수밖에 없다. 그 결과 시장이 위축되어 기업이 투자를 줄이기 시작하면, 일자리가 줄어들고 임금이 감소하면서 가계소득이 더욱 줄어드는 악순환의 고리에 빠지게 될 것이다. 결국 빚이 축소되는 디레버리징 과정은 좀처럼 끝나지 않고 우리 경제는 깊고 어두운 불황의 늪으로 빠지게 될 것이다.

더 큰 문제는 우리에게 이 같은 장기 불황을 피해갈 수 있는 정책 수단이 얼마 남지 않았다는 점이다. 지금 당장은 정부의 빚이 많지 않은 것처럼 보이지만, 장기 재정 추계로 볼 때 고령화가 본격적으로 시작되면 우리 정부도 곧 엄청난 빚더미를 떠안게 될 수밖에 없다. 더구나 이미 금리를 거듭 인하해온 탓에 이제는 더 이상 기준 금리를 인하할 여력도 얼마 남지 않았다.

특히 가장 어려운 시기는 바로 장기 불황 국면으로 전환되는 시점이라고 할 수 있다. 이 전환기에 거대한 부의 이동이 일어날 가능성이 높다. 따라서 빚을 선제적으로 관리하면서 장기 불황으로 접어드는 전환기를 잘 대비한다면, 앞으로 다가올 저성장 시대가 오히려 새로운 기회를 제공할 수도 있을 것이다.

아무리 불황이라도
집값은 오르기 마련?

영국 최고의 귀족을 무너뜨린 부동산 폭락

19세기 초반까지만 해도 영국의 경제권은 소수의 귀족들 손에 있었다. 이들 귀족은 광대한 토지를 소유하고 농작물을 독점하다시피 하며 큰돈을 벌었다. 그 대표적인 사람이 바로 리처드 템플 그렌빌 2세(Richard Temple Grenville 2nd)였다. 당시 그가 영국과 식민지에 소유하고 있던 땅은 서울시 면적(605㎢)의 절반에 가까운 270㎢에 달했다.

그는 땅에 영원불멸의 가치가 있다고 믿고 자신의 광활한 땅을 담보로 돈을 빌려 물 쓰듯 썼다. 하지만 1845년 곡물 가격이 하락하기 시작하자 수익성이 떨어진 땅값은 속절없이 폭락했다.

결국 1847년 파산을 선언하고 이듬해 자신이 갖고 있던 땅과 값진 물건을 모두 경매에 붙여야 했다.[8] 그제야 그는 땅과 집의 가치가 영원불멸하지 않다는 것을 깨달았지만, 이미 모든 것을 잃은 뒤였다.

이것이 근대 사회에 들어서 첫 번째 부동산 폭락이었고, 많은 귀족들의 운명을 바꾸는 갈림길이 됐다. 당시 땅의 가치는 영원히 오르기만 할 것이라고 믿었던 상당수 귀족들이 부동산 값 폭락으로 몰락의 길을 걷게 됐다.

19세기 중반에 한 시대를 주름잡았던 영국의 대농장주이자 최고위 귀족들이 무너진 이유는 총이나 대포 때문이 아니라, 시대의 변화를 예측하지 못했기 때문이었다.

집값 상승률과 물가 상승률의 상관관계

노벨 경제학상 수상자 중 특히 부동산 분야에 관심을 가졌던 경제학자는 로버트 쉴러(Robert Shiller) 예일 대학 교수다. 그가 1980년대 초반 칼 케이스(Karl Case) 웰즐리 대학 교수와 함께 고안한 '케이스 - 쉴러 주택가격지수(Case-Shiller Home Price Indices)'는 미국에서 가장 대표적인 부동산 가격 지표로 자리 잡고 있다.

그런데 쉴러 교수의 연구 결과 놀라운 사실이 드러났다. 미국의 주택 가격이 항상 상승해왔다는 통념과 달리, 물가 상승률을 고려한 실질 가격은 항상 120여 년 전인 1890년의 실질 주택 가격으로 회복하려는 강한 회귀 본능이 나타난 것이다.

만일 집값이 물가 상승에도 미치지 못할 만큼 떨어지면 결국엔 집값이 올라 물가 수준으로 회복했고, 반대로 집값이 물가 상승보다 급등한 경우에는 장기적으로 1890년 실질 가격 수준으로 하락했다.

이를 바탕으로 그는 자신의 대표적인 저서인 『비이성적 과열』[9]에서 2005년 당시 미국의 주택 가격이 이미 물가 상승률을 크게 상회했다며 집값이 폭락할 것을 우려했다. 그는 특히 전 세계 어디에서도 주택 가격이 물가 상승률을 넘어 계속 치솟아오른 적은 없다고 강조했다. 방대한 자료를 바탕으로 한 그의 예언이 적중하여 미국의 주택 가격은 2006년부터 급락했고, 그 결과 글로벌 금융 위기를 불러왔다.

실제로 1890년 미국 주택의 실질 가격을 100으로 놓았을 때 1920년 66.07까지 떨어졌다. 하지만 대공황을 극복한 1950년에 105.89로 회복했다. 가장 극적인 변화를 보였던 시기는 주택 버블이 가장 극심했던 2005년이었다. 주택의 실질 가격은 195.35를 기록하며 1890년보다 두 배 가까이 폭등했다. 하지만 이렇게 높은 가격은 얼마 버티지 못하고 곧 급락세로 돌아서 불과 6년 뒤인 2011년에 115.84로 떨어졌다.

이 같은 현상은 네덜란드에서도 확인할 수 있다. 네덜란드는 세계에서 자본주의가 가장 먼저 발달했던 나라답게 각종 통계가 발달했는데, 특히 '헤렌흐라흐트 주택지수'는 무려 400년에 가까운 역사를 자랑하고 있다. 그런데 이 주택지수를 보면, 1629년부터 1972년까지 장기간에 걸쳐 명목 주택 가격 상승률이 물가 상승률과 상당히 유사한 것으로 나타났다.

이미 시작된 부동산 가격의 급격한 변화

우리는 급속한 경제 성장기의 짧은 경험을 바탕으로 집값이 끝없이 오르기만 한 것으로 착각하는 경우가 많다. 하지만 실제로 우리나라에서 집값이 크게 상승할 때는 물가도 함께 오른 경우가 대부분이다. 그런데 2000년대 이후에는 여러 차례 거미집 파동을 일으키며 유독 아파트 값이 물가 상승률보다 훨씬 더 빠르게 오르는 현상이 나타났다.

특히 서울 지역 아파트의 경우 극적인 가격 상승을 경험했다. 물가 상승을 반영한 서울 지역 아파트의 실질 가격은 1986년 1월을 100으로 보았을 때, 1999년에는 80 정도로 떨어졌다가 2002년부터 급등세를 보이면서 2007년에는 175를 넘어섰다. 단 8년 만에 서울 지역 아파트의 실질 가치가 두 배 넘게 뛰어오른 것이다.[10] 2007년 이후 아파트 가격 상승세가 다소 둔화되었지만 아파트 실질 가격은 여전히 1986년에 비해 높은 수준이다.

이처럼 치솟아오른 아파트 값을 지탱하기 위해 2012년 이후 정부는 온갖 부동산 부양책을 융단 폭격처럼 퍼부었다. 하지만 그 여파로 가계부채가 천문학적으로 불어나는 부작용이 나타났다.

게다가 그동안 아파트 값 상승을 이끌었던 베이비부머의 은퇴가 눈앞으로 다가온 반면, 이 부동산을 사줄 청년들의 숫자는 반토막이 났고, 청년들의 소득마저 정체되어 치솟아오른 집값을 감당하기가 쉽지 않은 상황이다. 따라서 이미 물가 상승률을 상회한 아파트의 실질 가격이 앞으로도 계속 오를 것이라고 맹신하는 것은 매우 위험한 일이다.

지금까지 부동산 가격의 급격한 변화는 많은 사람들의 부를 뒤바꿔놓는 데 결정적인 역할을 해왔다. 시대의 변화를 따라잡지 못한다면 리처드 템플 그렌빌 2세처럼 우리도 몰락의 길로 빠져들 수도 있다.

14년 동안 하락한 일본 부동산 가격

이 같은 위험에 대비하려면 우리보다 20여 년 먼저 저성장과 장기 불황은 물론 청년 인구의 급격한 감소 현상을 겪었던 일본의 부동산 가격 변화를 세심하게 살펴볼 필요가 있다.

버블 붕괴 당시 일본 정부는 지금의 시각으로 볼 때 도저히 이

해할 수 없는 정책을 썼다. 전 세계가 모두 금리를 올리고 있는데 혼자서만 초저금리 정책을 고집하면서 금리를 지속적으로 낮췄다.

그러다 1989년 5월에 갑자기 무슨 이유에서인지 연 2.5%였던 기준 금리를 하루아침에 연 3.25%로 대폭 인상했다. 그리고 이후에도 지속적으로 금리를 인상하며 1990년에는 연 6%까지 끌어올렸다.

더구나 부동산 부양책을 쓰던 일본 정부가 갑자기 태도를 바꿔 온갖 규제를 쏟아내기 시작하자 일본의 부동산 가격은 사상 유례를 찾기 어려울 정도로 대폭락했다.

우리나라 서울시에 해당하는 도쿄도 23구의 평균 주거용 땅값은 일본 국토교통성(国土交通省)의 공시 자료를 기준으로 1986년 1㎡에 51만 엔(약 530만 원)에서 1988년 136만 엔(약 1400만 원)까지 폭등했다가 10년 만에 45만 엔(약 470만 원)으로 3분의 1 토막이 났다.[11]

당시 일본의 실질 주택 가격 변화를 보면 로버트 쉴러 예일 대 교수의 분석이 어김없이 들어맞는다. 물가 상승률을 뛰어넘어 거침없이 치솟아올랐던 주택의 실질 가치는 버블 붕괴 과정을 거치며 물가 수준으로 돌아가려는 놀라운 회귀 본능을 보인 것이다. 그 결과 일본의 부동산 가격은 1991년 이후 14년 동안 줄곧 하락을 거듭하다가 2006년이 되어서야 살짝 반등에 성공했다.

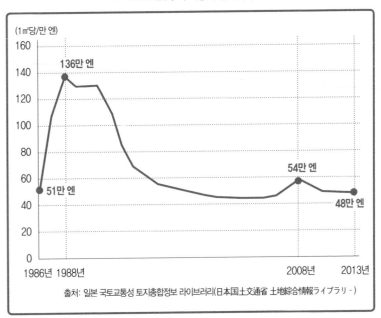

▶ 도쿄도 23구 주택용지 공시지가 ◀

(1㎡당/만 엔)

출처: 일본 국토교통성 토지종합정보 라이브러리(日本国土交通省 土地綜合情報ライブラリ -)

금리를 낮추며 갖가지 부양책을 쏟아부었던 일본 정부가 갑자기 긴축정책으로 돌아서자 부동산 가격이 대폭락한 것을 보고, 일본처럼 긴축정책을 쓰지만 않는다면 일본과 같은 집값 폭락은 없을 것이라고 주장하는 사람들이 적지 않다.

하지만 일본의 긴축정책은 단지 버블 붕괴의 방아쇠를 당겼을 뿐, 진짜 문제는 일본이 초저금리 정책을 고집하면서 자산 버블을 야기해 언제든 붕괴될 수 있는 임계 상태(Critical State)로 몰고 갔다는 데 있다.

일본처럼 장기 불황에 빠지지 않으려면?

우리나라 부동산 시장의 근본적인 문제점이나 정부의 부동산 정책은 1989년 당시 일본과 큰 차이가 나지 않는다. 집값 상승률이 물가를 크게 상회하고 있다는 점, 저출산 고령화가 본격화되면서 청년 인구가 급속히 감소하고 있다는 점, 성장률이 급격히 둔화되고 있다는 점, 그리고 부채 문제가 점점 심각해지고 있다는 점, 최근 들어 금리 인하와 부동산 부양책이 부동산 상승의 주된 원인이 되고 있다는 점에서 비슷한 측면이 너무나 많다.

다만 일본과 다른 점이 있다면 2000년대 중반에 각종 부동산 관련 규제를 강화해놓은 덕에 우리나라의 주택 가격 거품이 일본만큼 크지는 않다는 점이다. 1988년 당시 일본의 실질 주택 가격은 물가의 두 배를 상회할 만큼 폭등했지만, 다행히 우리나라의 부동산 버블은 그 절반도 되지 않는다.

그 덕분에 앞으로 우리나라에 집값 하락기가 시작되더라도 일본과 같은 수준으로 폭락할 가능성은 크지 않다. 그러나 하락폭만 다를 뿐 일단 인구 구조가 악화되면 우리나라도 부동산 값이 정체되는 장기 불황 자체를 피해가기는 쉽지 않다. 특히, 일본의 집값 하락폭보다 일본의 부동산 시장이 장기 불황에서 벗어나는 데 무려 14년이나 걸렸다는 점에 주목해야 한다.

우리나라가 이 같은 장기 불황을 피하려면 주택의 명목 가격을 유지한 상태에서 주택의 실질 가격이 자연스럽게 떨어지도록 유도해 경제에 미치는 충격을 최소화해야 한다. 하지만 정부가 자신의 임기 동안만이라도 집값을 끌어올리려는 님티(NIMTE)*의 유혹에 빠져 과도한 부양책을 남발한다면, 20여 년 전 일본과 같이 부동산 시장을 살릴 마지막 기회조차 날리고 말 것이다.

●
'Not In My Term'의 약자로, 내 임기만 아니면 된다는 식의 정책 기조.

이를 위해서는 무엇보다 정부가 내놓는 부동산 정책이 '자신들의 임기 동안에만' 집값을 끌어올리려는 얄팍한 술책인지, 아니면 장기적인 주거 안정을 위한 합리적인 정책인지 철저히 따져봐야 할 것이다. 만일 정부가 만든 거짓 환상에 취해 찰나의 부를 추구하다가는 자칫 자신이 평생 일궈놓은 자산을 잃어버리고, 비참한 노후를 맞이할 수도 있다.

재테크의 99%는
빚 관리에 달려 있다

불황이 시작되면 그 불황을 불러온 근본 원인을 치유하기 위해 정책적 여력을 모두 집중해야 한다. 하지만 그 과정에 큰 고통이 따르고 오랜 시간이 걸린다.

이 때문에 임기가 정해져 있는 정치인이나 관료들은 근본적인 해결책을 마련하기보다 자신의 임기 동안 즉각적인 효과를 낼 수 있는 금리 인하나 재정 지출 확대 같은 단기적인 경기 부양책을 선호하게 된다.

이 과정에서 시중에 자금이 넘쳐나고 금리까지 낮아지면, 가계는 쉽게 빚의 유혹에 빠질 수밖에 없다. 물론 가계가 아무리 많은 빚을 지더라도 경기 부양책으로 경제가 살아나기만 한다면 큰 문제가 되지 않을 수도 있다. 하지만 만일 경제 회복이 늦어지면 경제 전체를 위기로 몰고 가게 될 것이다.

아무리 돈을 풀어도 더 이상 경기 부양책의 효과가 나타나지 않는 한계 상황에 이르면 빚으로 유지되던 경제는 순식간에 무너져내린다. 그리고 어느 순간 은행이 돈줄을 죄기 시작하면 한계 상황에 내몰려 있던 가계와 기업들은 줄줄이 파산하게 된다. 위기가 오기 직전의 부채 규모가 크면 클수록 그 위기의 파장이 더욱 강력해지고, 더 오래 지속된다.

실제로 루벤 글릭(Reuven Glick)과 케빈 랜싱(Kevin Lansing)이 열여섯 개 OECD 국가들을 대상으로 가계 부채와 경기 불황의 상관관계를 연구한 결과, 1997~2007년 사이 가계부채가 크게 증가했던 나라일수록 위기가 닥쳤을 때 가계 지출이 더욱 큰 폭으로 줄어들어 경제 불황을 더욱 악화시켰다.

경제 불황의 근본적인 원인을 해결하지 않고 빚에만 의지해 경제를 살리겠다는 정책은 마약으로 건강을 회복하겠다는 것과 다름이 없다. 빚은 소비를 늘려주는 마법의 도구가 아니라 내일의 소비를 오늘로 끌어오는 것에 불과하기 때문이다.

프린스턴 대학의 아티프 미안(Atif Mian) 교수와 시카고 대학 아미르 수피(Amir Sufi) 교수는 그들의 저서 『빚으로 지은 집』에서 주택 건설 투자가 줄어들고 내구재 소비가 감소하는 것을 경제 위기의 신호로 보았다. 실제로 미국의 경우 글로벌 금융 위기 직전인 2007년 4분기에 주택 건설 투자가 전년보다 30% 넘게 줄어들었고, 2008년 자동차 소비 지출은 8%가 감소했다. [1]

우리나라의 경우 2005년 불변 가격을 기준으로 건설 투자 규모가 159조 원으로 정점을 찍은 뒤 2012년 143조 원으로 급감했다. [2] 2013년 1분기에는 마침 개별 소비세의 한시적인 인하 효과가 끝나면서 1분기 민간 소비가 0.1% 감소하는 등 소비절벽 현상까지 일어났다. 지속적으로 늘어나던 자동차 판매량도 2013년 154만 2,000대에 그쳐 전년보다 3,000대가 줄었다.

이렇게 건설 투자에 내구재 소비까지 줄어들면서 불황의 조짐이 점점 커져가자, 한국은행은 2012년 7월부터 여덟 차례나 금리를 인하해 2016년 6월에는 연 1.25%까지 끌어내렸다. 또한 정부는 대출 관련 규제를 대폭 완화하고, 각종 부동산 부양책을 끊임없이 쏟아내었으며 기회만 생기면 추경을 편성해 재정 지출을 늘렸다.

하지만 근본적인 개혁 없이 단순히 빚으로 경기를 부양하는 것은 나중에 위기가 찾아왔을 때 경제적 충격만 더 키울 뿐이다. 그럼에도 불구하고 정부가 빚더미에 의지한 경기 부양책만 고집한다면, 지금부터라도 우리 스스로 장기 불황의 위협에 대비해 나가는 수밖에 없다. 엄습해오는 경제 불안에 대비해 선제적으로 빚을 통제하고, 이를 통해 다가오는 위기를 도약의 발판으로 삼는 데 이 책이 작은 보탬이 되기를 바란다.

주석

프롤로그

1) 막스 오테, 염정용 역, 『정보왜곡 경제』, 로그아웃, 2011년.

2) David Graeber, *Debt: The First 5,000 Years*, Melville House Publishing; Reprint edition, 2013.

긴급점검

1) Peter Cohan, 'Michael Jackson leaves $1 billion in assets, $500 million in unpaid debts', June 26th, 2009.

2) 통계청·금융감독원·한국은행, 『2015년 가계금융·복지조사』, 2015년 12월.

3) Niall Ferguson, *The Ascent of Money: A Financial History of the World*, The Penguin Press HC, 2008.

4) Bertrand Russell, *The Problems of Philosophy*, Williams and Norgate, 1912.

5) 김지섭, 「고령층 가계 부채의 구조적 취약성」, 《KDI 경제전망》, 2015년 11월.

6) 나심 니콜라스 탈레브, 차익종 역, 『블랙 스완: 0.1%의 가능성이 모든 것을 바꾼다』, 동녘 사이언스, 2008년.

PART 01

1) Leo Tolstoy, *How Much Land Does A Man Need?*, Penguin Classics, 2015.

2) 최형원, '10명 중 7명 대출로 집 샀다…집값 절반 대출로 충당', KBS, 2016년 2월 24일.

3) 원문: A banker is a fellow who lends you his umbrella when the sun is shining, but wants it back the minute it begins to rain.

4) 자료: 여신금융협회(https://www.crefia.or.kr/portal/gongsi/quota/quotaFinancing DisclosurePopDetail1,xx)

5) 채희영·황성근, '휴대전화 단말기 구입 시 약정 할부금에 할부이자 포함돼 있어', 「소비자 24시」, 한국소비자원.

6) Juliet B. Schor, *The Overspent American: Why We Want What We Don't Need* Harper Perennial; 1st HarperPerennial Ed edition, 1999.

7) 윤자영, 『가계부채와 노동공급의 상호관계에 관한 연구』, 한국노동연구원, 2015년.

8) 통계청·금융감독원·한국은행, 「2015년 가계금융·복지조사」, 2015년 12월.

9) 경영전략연구팀(정정균), 「국내 자영업자 현황과 업종별 생멸 통계」, KB지식 비타민, KB 금융지주 경영연구소, 2015년 1월 14일.

PART 02

1) Telis Demos, 'The Oracle's Credit Crisis', Vol. 157 Issue 6, p14, Fortune, Mar. 3, 2008.

PART 03

1) 이와 관련해서는 한국주택금융공사 홈페이지에서 전세자금보증 항목을 참조. (http://www.hf.go.kr/cmspubl/template2/MN00000127.jsp?on=1)

2) 허브 코헨, 강문희 역, 『허브 코헨, 협상의 법칙』, 청년정신, 2011년.

PART 04

1) Thomas D. Lynch, *Public Budgeting in America*, Prentice Hall, 3rd Edition, 1990.

2) 자료: 한국관세무역개발원

3) Carol J. Loomis, 'Grading Berkshire after 50 years under Buffett: How does a 1,826,163% stock rise sound?', Fortune, Feb. 28, 2015.

4) 임장원, '보험료 내는 법 바꾸니 환급액이 '쑥'…비결은?', KBS, 2016년 6월 25일.

5) 송현주·박주완·임란·이은영, 「중고령자 일상적 스트레스와 대처전략 - 국민노후보장패 널 5차 부가조사 기초분석보고서」, 국민연금연구원, 2016년 4월.

6) 유병규·조호정·김동열, 「국내 가구의 교육비 지출 구조 분석」, 《경제주평》, 현대경제연구 원, 2012년 8월 24일.

7) 강창희, 「학교교육 수준 및 실태 분석 연구: 자료를 이용한 사교육비 지출의 성적 향상효 과 분석」, 「한국개발연구」, 제34권, 한국개발연구원(KDI), 2012년.

PART 05

1) 박초롱, '30년前 주식 투자한 100만 원, 지금은 2천 893만 원', 연합뉴스, 2013년 1월 3일.

2) 1985년 한국통계연감.

3) KDI 거시경제연구부, 「KDI 부동산 시장 동향(2016년 1/4분기)」, 한국개발연구원(KDI), 2016년 5월 12일.

4) Carmen M. Reinhart, Kenneth S. Rogoff, *This Time is Different: Eight Centuries*

of Financial Folly, Princeton University Press, 2009.

5) 안용신·서정주·김예구, 「2016 한국 부자 보고서」, KB금융지주 경영연구소, 2016년.

6) 3.3m² 당 건축비 400만 원 기준으로 100m² 아파트를 40년 동안 정률 상각한다고 가정함.

7) 자료: 한국감정원

8) 한국 스타벅스 임금 자료(http://www.sisapress.com/news/articleView. html?idxno=64279)

미국 스타벅스 임금 자료(http://www.payscale.com/research/US/Employer= Starbucks_Corporation/Hourly_Rate)

9) Trent Gillies, Warren Buffett: Buy, hold and don't watch too closely, CNBC, Mar. 5, 2016. http://www.cnbc.com/2016/03/04/warren-buffett-buy-hold-and-dont- watch-too-closely.html

10) 공정거래위원회, '기업집단 롯데의 해외계열사 소유현황 등 정보공개', 2016년 2월 1일.

11) 박종훈, 『2015년, 빚더미가 몰려온다』, 21세기북스, 2012년.

12) 박종훈, 『박종훈의 대담한 경제』, 21세기북스, 2015년.

13) Sarah Dry, *The Newton Papers: The Strange and True Odyssey of Isaac Newton's Manuscripts*, Oxford University Press, 2014.

14) Natalie Angier, Moonlighting as a Conjurer of Chemicals, The New York Times, Oct. 11, 2010.

PART 06

1) Robert Kioysaki, 'Why I Invest in Real Estate - Robert Kiyosaki writes for Real Estate Investor'. South African Real Estate Investor, Oct. 18, 2015.

2) 로버트 기요사키·샤론 레흐트, 형선호 역, 『부자 아빠 가난한 아빠』, 황금가지, 2000년.

3) 천용찬, 「중국의 부채 구조와 시사점」, 현대경제연구원, 2016년 2월 24일.

4) Richard Evans, 'How (not) to invest like Sir Isaac Newton', Telegraph, May 23, 2014.

5) Harry S. Dent, *The Next Great Bubble Boom: How to Profit from the Greatest Boom in History: 2006-2010*, Free Press, 2006.

6) Carmen M. Reinhart, Kenneth S. Rogoff, *This Time is Different: Eight Centuries of Financial Folly*, Princeton University Press, 2009.

7) FRED Household Debt as Percent of GDP, https://research.stlouisfed.org/fred2/ graph/?graph_id=136424&category_id=7519

8) Chimerica Media, 'The Ascent of Money Episode 5 Safe as Houses', Broadcast: BBC Channel 4, Nov., 2008.

9) Robert J. Shiller, *Irrational Exuberance*, Crown Business, 2006.

10) 자료: 선대인경제연구소

11) 자료:国土交通省 土地綜合情報ライブラリ -

에필로그

1) 아티프 미안·아미르 수피, 박기영 역,『빚으로 지은 집: 가계 부채는 왜 위험한가』, 열린책들, 2014년.

2) 이홍일·박철한,「국내 건설투자의 중장기 변화 추이 전망」, 한국건설산업연구원, 2014년 7월 10일.

Angier N, 'Moonlighting as a Conjurer of Chemicals', The New York Times, Oct. 11, 2010.

Brands H. W., *The Man Who Saved the Union: Ulysses S. Grant in War and Peace*, Doubleday, 2012.

Demos, T., 'The Oracle's Credit Crisis', Vol. 157 Issue 6, p14, Fortune, Mar. 3, 2008.

Dent H. S., *The Next Great Bubble Boom: How to Profit from the Greatest Boom in History: 2006-2010*, Free Press, 2006.

Dry S., *The Newton Papers: The Strange and True Odyssey of Isaac Newton's Manuscripts*, Oxford University Press, 2014.

Evans R., 'How (not) to invest like Sir Isaac Newton', Telegraph, May 23, 2014.

Ferguson. N., *The Ascent of Money: A Financial History of the World*, The Penguin Press HC, 2008.

Graeber D., *Debt: The First 5,000 Years*, Melville House Publishing; Reprint edition, 2013.

KDI 거시경제연구부, 「KDI 부동산 시장 동향(2016년 1/4분기)」, 한국개발연구원(KDI), 2016년 5월 12일.

Kioysaki. R., 'Why I Invest in Real Estate - Robert Kiyosaki writes for Real Estate Investor'. South African Real Estate Investor. Oct. 18, 2015.

Loomis, C. J., 'Grading Berkshire after 50 years under Buffett: How does a 1,826,163% stock rise sound?', Fortune, Feb. 28, 2015.

Lynch, T. D., *Public Budgeting in America*, Prentice Hall, 3rd Edition, 1990.

McFeely W. S., *Grant: A Biography*, Norton, 1981.

Olney M., 'Avoiding Default: The Role of Credit in he Consumption Collapse of 1930', Quarterly Journal of Economics 114, 1999.

Persons C., 'Credit Expansion, 1920 to 1929, and Its Lessons', Quarterly Journal of Economics 45, 1930.

Reinhart, C. M., Rogoff, K. S., *This Time is Different: Eight Centuries of Financial*

Folly, Princeton University Press, 2009.

Russell B., *The Problems of Philosophy*, Williams and Norgate, 1912.

Schoemaker, P. J. H. and Day, G. S., 'How to Make Sense of Weak Signals', Sloan Management Review 50, Cambridge, Mass.: Massachussetts Institute of Technology.

Schor, J. B., *The Overspent American: Why We Want What We Don't Need*, Harper Perennial; 1st HarperPerennial Ed edition, 1999.

Shiller R. J., *Irrational Exuberance*, Crown Business, 2006.

Tolstoy, L., *How Much Land Does A Man Need?*, Penguin Classics, 2015.

강창희, 「학교교육 수준 및 실태 분석 연구: 자료를 이용한 사교육비 지출의 성적 향상효과 분석」, 「한국개발연구」, 제34권, 한국개발연구원(KDI), 2012년.

경영전략연구팀(정정균), 「국내 자영업자 현황과 업종별 생멸 통계」 KB지식 비타민, KB금융지주 경영연구소, 2015년 1월 14일.

나심 니콜라스 탈레브, 차익종 역, 『블랙 스완: 0.1%의 가능성이 모든 것을 바꾼다』, 동녘 사이언스, 2008년.

로버트 기요사키·샤론 레흐트, 형선호 역, 부자 아빠 가난한 아빠, 황금가지, 2000년.

로버트 허만, 박정태 역, 『존 템플턴: 월가의 신화에서 삶의 법칙으로』, 굿모닝북스, 2004년.

막스 오테, 염정용 역, 『정보왜곡 경제』, 로그아웃, 2011년.

박종훈, 『2015년 빚더미가 몰려온다』, 21세기북스, 2012년.

박종훈, 『박종훈의 대담한 경제』, 21세기북스, 2015년.

박종훈, 『지상 최대의 경제 사기극 세대전쟁』, 21세기북스, 2013년.

송현주·박주완·임란·이은영, 「중고령자 일상적 스트레스와 대처전략 - 국민노후보장패널 5차 부가조사 기초분석보고서」, 국민연금연구원, 2016년 4월.

아티프 미안·아미르 수피, 박기영 역, 『빚으로 지은 집: 가계 부채는 왜 위험한가』, 열린책들, 2014년.

안용신·서정주·김예구, 「2016 한국 부자 보고서」, KB금융지주 경영연구소, 2016년.

유병규·조호정·김동열, 「국내 가구의 교육비 지출 구조 분석」, 《경제주평》, 현대경제연구원, 2012년 8월 24일.

윤자영, 『가계부채와 노동공급의 상호관계에 관한 연구』, 한국노동연구원, 2015년.

이홍일·박철한, 「국내 건설투자의 중장기 변화 추이 전망」, 한국건설산업연구원, 2014년 7월 10일.

채희영·황성근, '휴대전화 단말기 구입 시 약정 할부금에 할부이자 포함돼 있어', 「소비자 24시」, 한국소비자원.

천용찬, 「중국의 부채 구조와 시사점」, 현대경제연구원, 2016년 2월 24일.

케이티 앨버드, 박웅희 역, 『당신의 차와 이혼하라: 자동차 중독 문화에 대한 유쾌한 반란』,
    돌베개, 2004년.

통계청·금융감독원, 한국은행, 「2015년 가계금융·복지조사」, 2015년 12월.

허브 코헨, 강문희 역, 『허브 코헨, 협상의 법칙』, 청년정신, 2011년.

KI신서 6778

빛 권하는 사회에서 부자되는 법

1판 1쇄 발행 | 2016년 11월 18일
1판 2쇄 발행 | 2016년 12월 23일

지은이 박종훈
펴낸이 김영곤
펴낸곳 (주)북이십일 21세기북스

인문기획팀장 정지은 **책임편집** 양으녕
디자인 디박스
출판사업본부장 신승철 **영업본부장** 신우섭
출판영업팀 이경희 이은혜 권오권
출판마케팅팀 김홍선 조윤정
프로모션팀 김한성 최성환 김선영 정지은
제작 이영민 **홍보팀** 이혜연 최수아 홍은미 백세희 김솔이

출판등록 2000년 5월 6일 제406-2003-061호
주소 (10881) 경기도 파주시 회동길 201(문발동)
대표전화 031-955-2100 | **팩스** 031-955-2122 | **이메일** book21@book21.co.kr

ⓒ 박종훈, 2016

ISBN 978-89-509-6778-9 03320

(주)북이십일 경계를 허무는 콘텐츠 리더
21세기북스 채널에서 도서 정보와 다양한 영상자료, 이벤트를 만나세요!
가수 요조, 김관 기자가 진행하는 팟캐스트 '[북팟21] 이게 뭐라고'
페이스북 facebook.com/21cbooks   블로그 b.book21.com
인스타그램 instagram.com/21cbooks   홈페이지 www.book21.com